自然との共生

命の営みを感じられる園庭改造の実例

1500キロともいわれる長い旅の途中で園庭に立ち寄ったアサギマダラ

紫野保育園改造後の園庭（部分）春　　　　同じポイントの冬

ツリーハウス、池、果樹や雑木の植栽をしつらえた（次頁に改造前の写真）

1　数年越しで大きく改造

京都市　紫野保育園

既設の小屋にはハシゴをかけ、周りに苗木を植えた

改造前の園庭

ツリーハウス

〈2003年〉

私が初めてその園庭を訪れたとき、園庭にはジャングルジムとブランコがありました。樹木は花壇に植えられたものが少しあるのと、園庭のまわりに数本の樹木が植わっていました。園長はまずはじめに、ジャングルジムとブランコを撤去してくださいと言われました。そこで、撤去した後で築山をつくり、はじめはそこに芝生（野芝）を入れました。その築山に果樹として、カリン、サクランボ、鳥の来る木としてエゴノキ等を植栽して、既存の大きなシラカシの木にツリーハウスをつくりました。そのツリーハウスの近くには、ビワ、イチジク、ビックリグミ、モモが植わっていましたが、施工時にできるだけそれらの樹木に近づけるようにハウスを設置しました。それまであった小屋の屋根に登れるように、木登りできる木を近くに植えました。園長は「木が大きくなるまで待てない」と言って、はしごをかけて上れるようにしたそうです。その後、芝生の築山は、自然と道

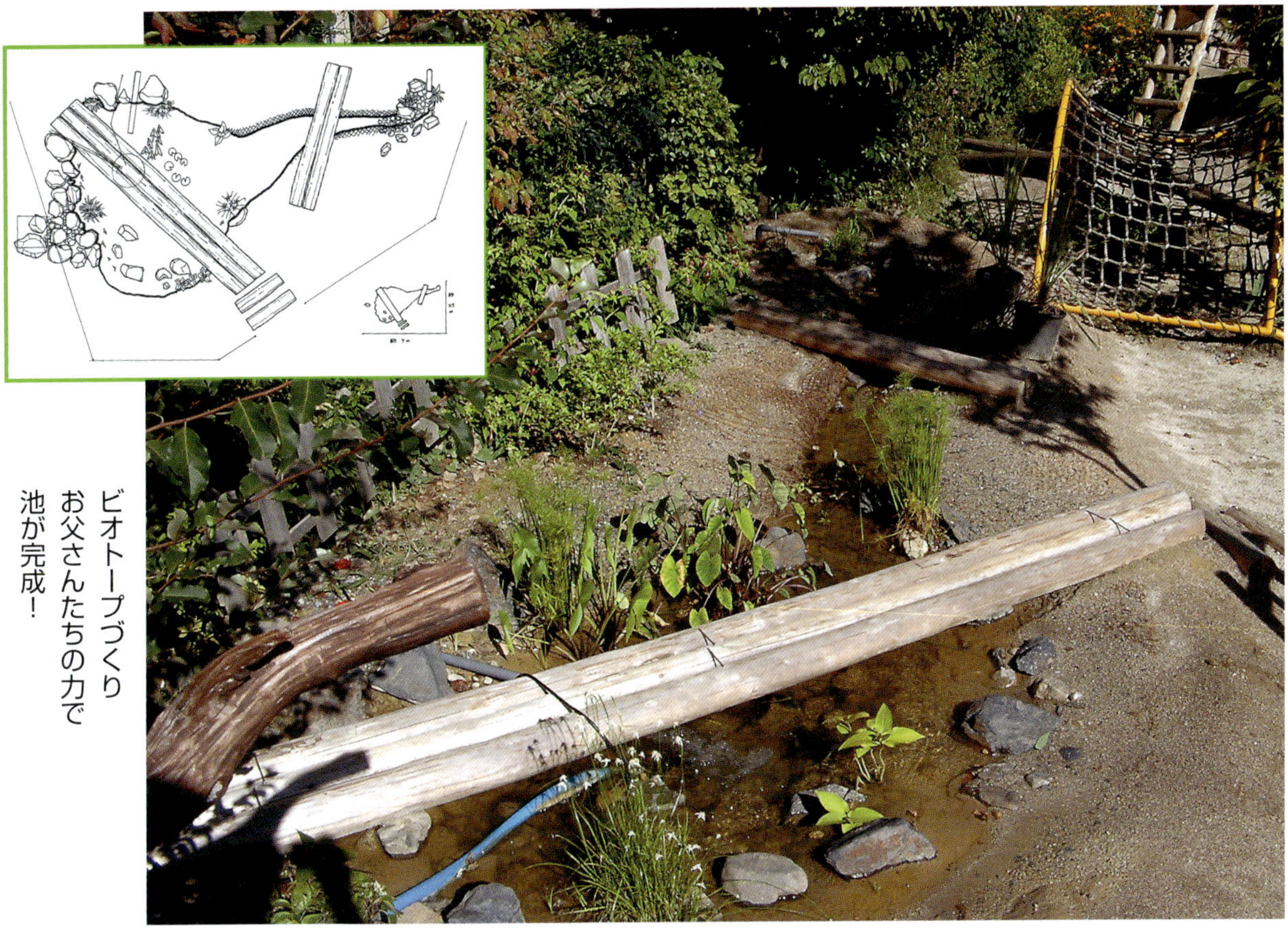

ビオトープづくり
お父さんたちの力で
池が完成！

ができ、子どもたちの誘導路のような小道ができました。

〈２００４年〉

二期工事で池をつくることになっていましたから、予定される池の南側にケヤキを１本植えて、陰をつくることにしました。

池の施工は保護者の方々と一緒に行いました。園長ができるだけ多くの方に関わってもらうことが大事だという考えでしたので、保護者、保育者、子どもたちを巻きこんでつくりました。その際、保護者の中には危険性を考えて池をつくることに反対された方がいたそうですが、園長は「大丈夫です」ということで説得されたそうです。

水辺ができるとまず最初にトンボがやってきました。トンボが産卵して、ヤゴがトンボに羽化したことを、職員が「おたより新聞」で保護者の方に報告しました。そのとき、反対されていた保護者の方も「園長の言う通りや、やってよかった」と子どもと一緒に喜ん

屋上の緑化工事
ここにもお父さんパワーが！
できるところは子どもたちも
参加して

草花を植えて、屋上バタフライガーデンの完成

でいたそうです。

地域への散歩で捕まえてきたメダカやサワガニなどを入れました。せせらぎのまわりの土は、里山から表土を持ってきて、畦の植物が再生するのを待ちました。保育園の考えとして、地域の自然はたくさんあるが、やはりよその自然、自分たちがいつでも行ける身近な自然がほしいという考えでつくりました。子どもたちは、自分たちが捕ってきた生きものを毎日見るのが楽しみで、池をのぞいているようです。

生きものが出てくると子どもの姿が変わるので、その中で職員も少しずつ園庭の自然について興味が出てきたようです。

〈2005年2月〉屋上緑化

職員室の上が、コンクリートのむき出しということで、補助金も出たので屋上を緑化しました。このときは、NPOの協力のもと、保護者、職員、そして子どもたちも巻きこんで屋上の緑化をしました。

屋上という制限がある中で、あまり大きな樹木は植えられないこともあり、バタフライガーデンを主としてつくりました。オミナエシ、パセリ、パンジー、ブッドレアなど、草本類が主です。

〈2005年11月〉

三期工事は、苗木を保護者の方と植えまし

果樹、苗木、草花でいっぱいになった園庭

稲刈り

田んぼ

田植え

た。主に里山の樹木を植えました。園庭の自然が少しずつ戻り始めてきて、職員の中からの、もう少し里山の樹木を増やしたいという思いのなかで、保護者の協力のもとで行われました。

クヌギ、コナラ、シイ、カシワ、クワ、ハギなど、１mにも満たない苗木植栽をしました。苗木は小さいものですが、根の張りが高木植栽とは違い、大きくなり始めると高木植栽した樹木より大きく強い木になります。また里山やその地域にあった樹木を植えると、成長とともに身近な生きものが必ずやってきてくれます。３年後には、背丈を超えて中には３mを超えるものもあります

〈２００６年春〉

田んぼつくりをしました。田んぼはそれまでは、バケツ苗で育てていましたが、園庭の隅に小さな田んぼをつくりました。この作業も職員が子どもたちと一緒に行っています。

田んぼには池のビオトープで育てたメダカ

を放流しています。池のメダカに比べ成長が早いことなど、子どもたちも保育者もワクワクして見守っているようです。この田んぼには、以前捕まえてきた、モリアオガエルが住みついてくれて、田んぼに水を入れるとそばにきて鳴いてくれます。田んぼは小さい生態系なので生きものが行き来する姿が見られます。

年長の子どもたちが米づくりを毎年しています。近所の農家の田んぼで、オタマジャクシとホウネンエビとカブトエビを道ばたから身体をのばして網で捕り、園の田んぼに数匹入れました。メダカは11匹入れましたが、みるみる増えていき、100匹以上になって群れて泳ぐ姿を見ることができました。2歳児クラスの親子は、毎日田んぼの生きものの姿を見つけてから保育室に入る姿が見られました。保育園のみんなが楽しみにしていたようです。

田んぼでオタマジャクシからかえったカエルは、冬の間に冬眠して、春に池のほうで泳

生きものの不思議と出会う

脱皮するバッタとテントウムシ

ぐ姿を見ることもできます。田んぼの苗が大きくなり始めると田んぼに戻ってきて虫を捕まえています。

　米は一升五合収穫することができました。毎年芋煮会をしています。保育園では芋はつくっていないのでお弁当遠足で芋掘りをして、とってきた芋と米とサンマを園庭で焼いて芋煮会をします。お米は稲から籾殻をはずして、脱穀まで子どもたちがします。年長の子どもにはお茶碗一杯は食べれるぐらいはとれます。半合で炊いたご飯は、お焦げが付いていてもおいしく食べることができるし、芋煮会では、その後２００９年からはシイタケの収穫時期が重なり、サンマといっしょに焼いて食べることができます。シイタケ嫌いな子どももこのときだけはなぜか食べることができるのは不思議なことです。

〈２００７年３月〉

　渦巻き花壇、シイタケ栽培

　前園長が退職するときに、パーマカルチャ

子どもたちと一緒につくった渦巻き花壇

ーでみたハーブガーデンをつくろうということになり、石で渦巻状の花壇を子どもたち参加でつくりました、この花壇には、バタフライガーデンと冬イチゴなど子どもたちと生きものが楽しめる工夫をしました。

ちょうど2月だったので、シイタケのホダギをつくることにしました。シイタケ菌は菌打ちをしてから一年半後に収穫できるので4歳児の子どもたちと菌の植付けをしました。

こうして改造をすすめるなかで、数年で園庭には見違えるように樹木の種類と生きものの数が増えていきました。子どもたちがそうした自然と関わって変わっていく、笑顔が増えていく、保育者はそうした姿を見るのはやはりうれしくて、そのことで保育者も変わってきています。

みんなで育てたシイタケや丸ごとのサンマを焼いて食べる

大根の栽培　大きくなるのが毎日楽しみです

2 季節を感じられる園庭に

高槻市　浦堂保育園

園舎の立て替えで園庭整備をしました。それまでの園庭は、遊具がたくさん置いてあり、三輪車で走り回る空間も、サッカーができる広い空間もとってありました。でも、園舎を改築して、園庭にたくさんの樹木を植えました。当初、サッカーのできるスペースを確保することも考えましたが、それよりは木を一本でも多くして、季節が感じられる空間に変えたいと提案しました。

新しい園庭ができて、子どもの様子が一変しました。今まで園庭に出ることを嫌っていた子どもまでが、何かにつけて園庭に飛び出していきます。そこでは、今までにない子どもの姿が見られるようになりました。飛び跳ねたり、生きものを探したり……。もしかしたらそれが、本来の子どもの姿なのかもしれません。

　ある夏の午後、やんちゃ坊主が四人、手に網を持ちセミを追いかけていました。桜の木にとまり、四人は網を差し出します。でも網よりも上のところに止まっているので捕まえることができません。ここからこの四人の共同作業が始まりました。大きな箱のブロックを運び込み、縦に積み始めました。当然グラグラします。でもその上に登らないと目当てのセミは捕まえられません。一人が登り他の二人は補佐役に回りました。「ちゃんと、もってて や」「ここもって」と声が飛び交います。二つ積んだブロックに登りましたが届きません。仕方なく降りようとしたとき、登るより降りるときのほうが難しいのに気がつきます。「あぶないやんか」「グラグラする」と言いながら二人は支えています。生きものを捕るために、保育者が関わらなくても子ども同士で同じ思いを持ち共同で解決しようとする姿は、頼もしいものです。

　園庭には数種類の果樹も植えられていて、実の付き方を毎日のように楽しみにして、食べられる日を指折り数えて待っています。園庭でサッカーができなくなりましたが、地域の大会でなんと優勝することができました。子どもにとって園庭とは、安全で、興味に満ちた空間が大事だと、保育者たちは感じはじめているようです。

箱を重ねてセミとり「ちゃんともっててや～」

竹の骨組みとレンギョウの苗木でつくった隠れ家
2～3年して苗木が育つと中が見えなくなるほど

暑い夏の園舎に涼しさを運んでくれるみどりのカーテン

レンギョウのトンネル

ビオトープ池で生きもの探し

3　自然を遊び相手に

箕面市　瀬川保育園

公立の民間移管で運営されている保育園です。改造前は、藤棚の下の砂場と木が少し植わっている程度でした。その園庭に、池と田んぼ、そして丘、丸太を組んだ遊具、さらに、レンギョウのトンネルをつくりました。レンギョウのトンネルは子どもが季節を感じる「エッジ」としてつくりました。子ども遊びの中で「エッジ」は落ち着くことができる空間です。保育園の中にはヒューム管などでトンネルをつくるところもありますが、その代わりだと考えていただければイメージしやすいかと思います。ヒューム管と大きく違うのは、レンギョウは生きものであるということです。春、レンギョウは黄色の花を前の年の秋までに伸びた枝に咲かせます。レンギョウとはチョウチョが連なる事から付いた名前だといわれていますから、まさしく

苗植え前の田んぼで盛大にどろんこ遊び　バッチイのだ〜いすき！

春を告げてくれる花の一つです。花が終わると芽吹きがやって来ます。そして新緑のトンネル、秋には葉を落として明るいトンネルになります。季節で変わるトンネルです。その中で遊ぶ子どもたちには、季節を感じてもらい、生きものの暖かさの中で遊ぶ体験をしてもらいたいと思います。

施工前の園庭

4 小さい庭の改造例

尼崎市　南清水保育園

ここは、前の道路の上は高速道路が走っていて、工場地帯の中にある小さな保育園です。園庭も小さく工場に囲まれたところでした。その小さな空間に、畑、田んぼ、砂場づくりをしました。田んぼは一坪ほどの小さなものです。少し掘り、まわりを再生資材で囲み、ベントナイト系のシートを敷きました。その上に土を入れます。苗づくりは、バケツ苗で経験のある保育士さんがおられました。

田んぼをつくり、苗を植えると、保育園を卒業した子どもから「学校のプール掃除をして、沢山のヤゴを捕まえたので保育園にもって行っていいか」と連絡があり、園長は田んぼもできたのでさっそくOKしました。子どもがもってきたヤゴ30匹ほどを田んぼに放しました。数日して、イネに脱皮がらがあるの

ヤゴのぬけがら

ギンヤンマ

ヤゴ

が見つかりました。そして、トンボの飛ぶ姿が見られました。2歳の子どもは、田んぼの中のヤゴやカブトエビなどを探すのがおもしろいのか、2歳の子には考えられない集中力で眺めていました。ヤゴが動いたり、カブトエビが時々出てくるのを見つけると、歓声を上げて喜んでいるということだそうです。

畑の野菜も少しずつ大きくなると、「モウタベレルカ」「コレ　アカイシ」と楽しみにしているようです。畑や田んぼは収穫が目的ではなく、成長・変化する様子や、そのものに来る生きものを眺める、昨日と違う姿を見ることが、子どもにとって一番意味あることだと思います。野菜も米もそれに付随する虫もすべてが生きている、つまり、「命の営み」を感じられることが大事なことだと思います。

「なにか、いたよ～」

アメンボウ

トノサマガエル

メダカ

カブトエビ

5　自然界での遊びを再現する仕掛け

高槻市　阿武山たつの子保育園

木登り、崖登り、洞窟探検など、かつて私たちが自然の中で体験した遊びを再現する仕掛けを考案してみました。写真の石垣も丸太やぐらも、築山を上下に貫くトンネルも、たとえ年長児でもかんたんには登り切れません。難しいことに挑戦することを楽しむ遊びです。危険がまったくなくはないので、施工時に園とは充分話しあいました。加減を知る、危険を避ける「かしこい身体」を育てたいものです。やっとの思いで登り切った自信は格別です。（本文96頁参照）

自然と遊ぼう

園庭大改造

元保育士・庭師 小泉昭男 Koizumi Akio ひとなる書房

命の営みを
感じられる
園庭に

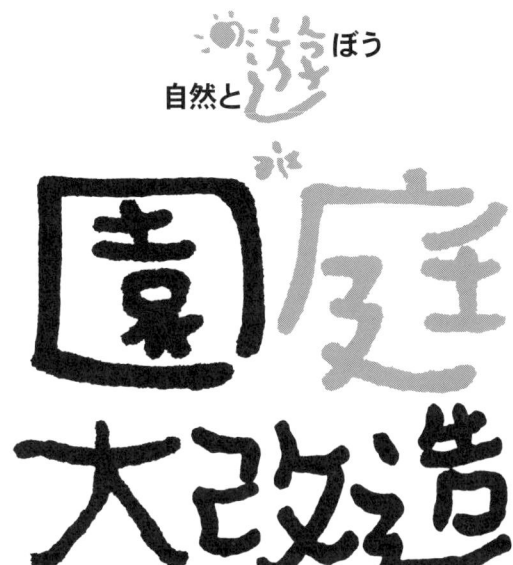

はじめに

私は造園業に就くまでの一三年間、保育士をしておりました。保育士をしていた頃から野鳥が好きで、園庭にバードテーブルをつくり、窓から園児と観察を楽しみ、巣箱づくりもしました。園庭の草花にアブラムシが来ると、それを食べにテントウムシが来ます。そして、その後に必ず子どもが集まってきます。生きものと直に触れることができる園庭は、本当に素敵です。

三三歳の四月、さらに自然と触れ合える仕事を求め、造園の世界に入ることになり、今年で一九年になります。いくつか園庭づくりに携わってきましたが、そこで、いつも願ってきたことは、子どもたちが毎日生活している園庭を、草花や樹木、虫や小動物たちの〝命の営み〟が感じられる場にしたい、そして、そうした身近な自然とかかわって遊べる場にしたいということです。

自然は子どもにとって格好の遊び相手です。「草花遊び」の本やチョウや虫の図鑑・絵本がたくさんありますが、園庭に土があり草花があれば、本の中の世界を実際に体験できます。大きな木が一本あれば、木登りやロープ遊び、タイヤブランコなどをする中で、木の暖かさややって来る生きものを直に感じることができます。それらが遊びという楽しさの中に潜んでいます。

果樹であれば、実をもいで食べられます。ナラやカシの木類ならドングリで遊べます。雑木が十本もあれば子どもにとっては森です。また水辺をつくればトンボがきます。メダカも育ちます、カエルも居つくでしょう。

自然が鑑賞の対象ではなく、摘んだりちぎったり、味わったり、嗅いだり、触れたり、五感をはたらかせて遊ぶ対象であってほしいのです。

この本は、四部から構成されています。

最初が、巻頭のカラーページで紹介した園庭改造の実例です。広い園庭、狭い園庭、数年越しの大改造からほんのひとくふうの改造まで、私たちが手がけたいくつかの実例を出しましたが、写真からも感じていただけたと思いますが、どこの園でも以前に増して子どもたちの生きいきと遊ぶ姿が見られます。

ついで、Ⅰ部では自然に満ちた園庭に改造するにあたっての考え方やすすめ方について書きました。私が園庭づくりに取り組む際に、職員や保護者の方々にお話ししていることや、大学に呼ばれて学生に講義した内容を中心にまとめてあります。

Ⅱ部はおすすめの取り組みです。どこの園でも誰でもができるものをあげて、イラストでわかりやすく紹介してあります。みなさんの園の条件に応じて、できるところから取り組んでください。

Ⅲ部は私の敬愛する発達心理学者で子どもの遊びを研究している加用文男さんとの対談です。私の愛読書、レイチェルカーソンの『センス・オブ・ワンダー』は、地球環境問題に直面している現代人に「自然と人間との共生」「子どもにとっての自然の持つ意味、おとなたちの役割」などについて、とても大事なことを教えてくれます。そこで、〝保育園児とセンス・オブ・ワンダー〟と題して、今日、「園庭を子どもたちと自然との共生の場」に変えることの意義について、ざっくばらんな対談をさせていただきました。「保育条件」や「発達と保育」の関係についても考えを深めるきっかけになっていただければ幸いです。

園庭を改造するには、私たち造園師など専門家の力が必要になる場合もあります。予算など条件のあるところではどんどん私たちに仕事を回していただきたいと思いますが、私は、職員と保護者、子どもたちも含めてできるかぎり自分たちの手で造園することをすすめています。

子どもたちのために、保護者と職員が力をあわせて、自然と遊び、その不思議さを体験できる園庭をつくっていく――日本中の保育園、幼稚園でいっせいにそんなことがはじまったらどんなにか素敵でしょう。この本がそのための一助になることを願っています。

小泉　昭男

もくじ

第Ⅲ部　保育園児と〝センス・オブ・ワンダー〟　101

第 I 部

命の営みを感じられる園庭に

―園庭が子どもを育てる―

1　園庭改造に取り組むにあたって

①保育園周辺の自然調べ

　保育園の植栽が地域とまったく異なっていたら、保育園は地域からかけ離れた存在になります。里山に近いところなら、〈雑木〉を植えましょう。そのことで地域の生きものが保育園にもやって来てくれます。街中でも、もともと育っていた在来の植物がいいでしょう。水辺をつくるときも、池や川が近くにあるかなどを考えておく必要があります。そのことで子どもと生きものを豊かにつなぐ空間ができるのです。外来種の植物はきれいですが、生きものがあまりやって来ません。観賞用で終わると子どもはそこから感じることができません。

　一本の木にはたくさんの生きものがやって来ます。一つ一つ知る必要はありませんが、知らないと、ときには問題が出てきます。たとえばコナラ、クヌギなどを植えると、夏には樹液にカブトムシやクワガタなどがよって来ますが、それと同時にハチもやって来ます。しかしここで間違えてはならないのは、ハチの中には攻撃性の弱いハチもいるのです。スズメバチ、アシナガバチ、ミツバチ等の社会性のハチは大きな巣をつくり、女王バチがたくさんの卵を産み、働きバチがそれを守ります。そのようなハチは、攻撃性があり巣などに近づくと刺すことがありますが他のハチはそれほど攻撃性がないので刺すことはありません。ただし素手でつかむと刺してきます。誰だって急に触られると攻撃したくなるものです。そのような最低危険か危険でないかの判断は必要ですが、あまり恐がらないことが大事です。毛虫も同様です。知らないとすべての毛虫が刺すものだと思い、殺虫剤をまきます。毛虫の中でももっとも危険なのはチャドクガで、

これはサザンカ、ツバキ、チャなどに来ます。チョウには食草というものがあり、食べる植物が決まっているものが多いのです。むやみに殺虫剤散布すると他の生きものも殺してしまうことになります。

地域の自然観察会や探鳥会などに積極的に参加してみるのも必要かもしれません。自分で観察するにはとてつもない知識が必要ですが、観察会などに行くと、優しく教えてもらえます。

②専門家の役割と連携

園庭をつくるときに私たちが大事にしていることは、園庭で子どもと関わる保育士さんの考え方です。園庭を変えるということは保育全般を見直さなくてはなりません。保育計画の「自然」という関わりの幅が広がります。運動中心の保育をしていたら、その空間をどこで確保するか、という話しになります。そこで私たちは、今まで園庭計画を進めるにあたり、ワークショップをしています。園庭づくりの計画をある程度すすめてから、保育者はじめ調理員・作業員など保育園に関わるすべての人に私たちが行う園庭について、ソフトの部分の「考え方」とハードな部分の「設計」について話しをします。その中で、先生方の意見を聞き最良の案を考えます。そのため計画を進めてから実行に進むまで一年ぐらいはかかります。しかし、このことをしておかないと子どもが置き去りにされてしまうことがあるのです。ワークショップの内容は「図面　計画の報告」「身近の生きものについて」「保育園の自然について」「子どものとの関わり方」などです。機会があれば地域のフィールドに出て自然観察会等も企画することもあります。私は造園が生業ですが、ビオトープ施工管理士でもあり環境再生医でもあります。保育士の経験も一三年ほどありますから、保育士さんのことも少しは理解できる存在でもあるのです。専門家として樹木のこと、生きもののこと、またそれらに関わる子どものことを伝えます。子どもと保育士がどのように関わって実践するかなどの助言をするために、研究会などにも参加しています。

③保護者と共に

樹木を植える、池をつくる、小屋をつくるなどは専門家に任せるのが一番手っ取り早いと考えるお金のある保育園や幼稚園はどんどん私たち造園業者に仕事をまわしてください。しかし、保育園の園庭づくりをする中で、私が大事にしていることは保護者の力です。「できるのですか?」と聞かれたら「できます」と答えています。

池なども少し専門的な知識が必要ですが、材料さえあればみんなでできます（3頁参照）。私は学校や園のビオトープ池づくりはほとんど、保護者に参加してもらってつくってきました。そして保育者はじめ子どもたちや祖父母にも協力をお願いします。保護者が動くととてつもないパワーが生まれます。保護者の中には「危険性」を考えて、反対する人もいますが、出来上がってからの子どもたちの様子をみることで、「つくってよかった」となります。自分たちでつくった池に生きものがくる喜びは、何ものにも替えられない感動があります。今までの公共事業は誰かがつくってくれるのを待っていましたが、これからは、みんなの思いを入れたものを、みんなでつくりたいものです。

植樹にしても「苗木植栽」という方法もあります。これは、一メートルほどの苗木を植えてもらう作業で、業者に頼まなくても大人と子どもたちでできる作業です。苗木を植えると根を張るまで二年ほどかかりますが、根をしっかり張らすとみるみる大きくなり、最初から三メートルほどの樹木を植えたものを三年ほどで追い越してしまいます。卒園記念に植えるということはよく耳にしますが、逆の発想で、入園時に苗木を記念植樹するというのはどうでしょうか。六年もたてば木もずいぶん大きくなります。保育園は子どもを育て、親たちは木の面倒をみるわけです。卒園してしまうとなかなか見に来られませんが、入園時に植えたものは、毎日見て、手もかけて大事にしてくれると思います。毎年一本ずつでも、少しずつ木が増え、園庭はやがて林になるでしょう。

その他にも園庭に芝生を張る作業、また、屋上緑化のときには、土運びから基礎の枠組み、テーブルづくり、バタフライガーデンの植栽なども、私の監督の下でお手伝いしていただきました。保育者、保護者、私たち業者、そして一番大事な子どもたちを巻きこんでつくる園庭は、その作業に関わることでより身近に園庭を感じることにもつながります。

保護者は、子どもたちのために汗を流すのはなんでもありません。私が保育士をしていた頃はピカピカデーなるものが年に二回ほどあり、保育園の中の大掃除、草刈り、はては遊び小屋までつくったこともあります。子ど

ものために親が汗を流すのは保育園・幼稚園時代はあたりまえ。それが小学校、中学校と進むにつれて稀薄になってしまいます。子育ての一番しんどい時に共有できる仲間ができるのも保育園・幼稚園時代の大きな宝かもしれません。園庭づくりは、業者の仕事でもありますが、園に関わるすべての人が自分たちのできるところで関わることが、一番大事なところだと考えています。

④安全について

近年「安全管理」という言葉で、子どもの自由な遊び空間が脅かされています。これは子どもにとって何も生み出さないどころかマイナス面が多くでてきます。身近な自然には少しの危険が含まれています。「危険だから、はさみ、ナイフは使わない」「危険だから安全マットを敷く」「危険だから遊具のかどは丸く加工する」「危険だから毛虫には触らせない」……これで子どもの探求心・好奇心が生まれるでしょうか？　転んで手をつかず怪我をする子どもが増えていると言われたのはずいぶん前からです。怪我をさせないようにと、「安全管理」が徹底されるようになってきているのですが、そのことによる弊害には、あまり関心が向いていないようです。

命に関わる危険を招くことは問題ですが、ある程度自分の身を守ることを学ばないと将来が心配です。たとえば、ススキはどうでしょう。ススキは秋の七草にも入る日本古来の植物です。しかし、このススキの葉には「かえり」がついていて下手に触ると手を切ってしまいます。ところで、草花遊びで「ススキ飛ばし」などはみんな大好きですが、ススキ飛ばしで手を切ったということを私は今まで見たことがありません。要するに、危険だから遠ざけるのではなく、どのような関わり（遊び）をするかで変わってくるということでしょう。

危険を自分で察知する能力は、危険を知ることから始まります。今の子どもは守られている分危険を感じることがありません。木登りなどは少し勇気がないとできません。「大丈夫だろうか?」「自分に出来るだろうか?」と自問しながら登っていきます。「ここまでなら大丈夫」「次はもう一つ高い枝まで」……この自問が大事なのですが、今の子どもの中には、自問する前にやってしまう子どもがいます。実体験が生み出す危険察知能力の欠如かもしれません。

もう一つ、保育の中で木を多く植えたりすると死角が増えるといわれます。保育者が子どもたちを引きつけるような遊びを展開しているとき、子どもは保育者に集まります。管理するとその中から子どもはで出て行こうとします。保育の質が問われているのだと思います。笛を吹いて子どもを管理することをやめないかぎり、子どもの自律はありません。

「バリアフリー」は子どもにとっては、問題があると感じています。障がいのある方や高齢の方には必要です。しかし、子どもは「バリアありあり」のところが大好きです。道路の路肩に縁石があれば、子どもはわざわざその上を歩きます。段差があれば飛び降ります。自分の力を発揮し、確かめるために、わざわざそのような空間を探しているかのようです。運動をする空間なら平らなところがいいでしょうが、遊びを広げる空間にはそのようなところは必要ありません。子どもは凸凹が大好き。自分の能力を試したくてわくわくしているのです。

⑤保育士の役割

保育士は子どもが園庭で見つけた生きものを、まずは、共感を持って接することが第一です。「何気持ち悪いもの持ってきているの」「きたないから捨てなさい」などと言えば、子どもは、この生きものは気持ち悪い生きものなんだ、きたないんだと思い、それ以上の発展はありません。毛虫でも刺さないものが多いので、その生きものを観察してみようとすれば、保育はどんどん広がります。保育とは偶然をいかに保育士が発展させみんなの力に変えていくか、話し合いをして膨らませるかが大事だと思います。保育に答えはありません。毎日毎日の偶然をどう結びつけていくかが保育の醍醐味であり面白いところです。その偶然をつくり出す空間（環境）として、「自然」が一番条件に満ちていて面白いし、子どもの興味を引き立てることにもなります。

保育者の考え方一つで、子どもはどんどん興味関心を広げていきます。学校教育には答えが必要ですが、保育の中で自然相手の偶然から生まれた発見には答えは見つからないときもあります。これが今の子どもにとって一番大事なものだと思います。自然には答えがないものがまだまだたくさんあるのです。不思議なこと、分からないこと、神秘的なことが混ざり合っている自然を子どもと一緒に共感して保育をすすめていってほしいものです。

もうひとつは、命について伝えられるか、ということです。本書でも命についてはいつでもふれています。「命は命を食べないと生きていけない」ということです。植物など動かないものにも命はもちろんあります。「いただきます」。この言葉の中には命をいただく感謝の気持ちがあります。そのことを思い、食事を楽しむことはとても重要です。

小学生対象に環境の授業をしたときのことです。「命って何？」と問いかけたところ、小学校三年生の女の子が「命は、お父さんとお母さんがくれるもの」と言ったのです。自分の命は自分だけのものではない、お父さんがいてお母さんがいて今の自分がいるんだということです。私はＮＰＯ法人ビオトープネットワーク京都から「東本願寺と環境を考える市民プロジェクト」という活動に関わっているのですが、東本願寺の看板に「今、いのちがあなたを生きている」と書かれています。命とはなにか、一人ひとり与えられた命は、一人ひとりが受け持っているときは精一杯生きて、命をつないでいかなくてはならない。それは人も植物も動物もすべてに同じだということだと思います。今の世の中で命のことにふれる機会は本当に少なくなってしまいました。

2　園庭改造をすすめるために　6つのポイント

子どもにとって園庭は季節を感じる窓であり、自然と触れあうもっとも身近な場のひとつです。園庭の植物、生きものとの出会いを意識的につくるために、どのような仕掛けをつくるか？　そのためには押さえておきたいポイントがいくつかあります。

①植栽は子どもたちの触れるところに

どこの園舎工事でも、植栽は最後になります。まずは建物で予算が取られ、遊具に取られ、最後に残り少ないお金で植栽することになりがちです。

建物を建てる時には、緑被率といって一定の割合で植物を植えることが法律で決められています。そのため植栽は必ず必要になるのですが、ややもすると街路樹でもありがちなものが多く含まれたり、灌木などはサツキやツツジというお粗末なものになりがちです。

おまけにそれらの植物はみな園庭の周辺に植えられるので、子どもたちがじかに接する機会を少なくします。身近な自然から子どもを離しているのは他ならないこうしたことから始まるといってもいいと思います。

たんなる緑化目的の場なら仕方ないのですが、園庭は子どもにとってたいせつな遊び場です。もちろん植物も遊びの要素ですし、植物に集まってくる生きものは、子どもにとってさらに興味関心を持つ大事なものです。その大事なものをはじめから離してしまっては何もなりません。

ですから、まず植栽を子どもたちに身近に感じられる空間にもってくることこそ、何より大事なことだと思います。園庭の中に植栽で囲まれた空間をぜひ演出したいものです。

②子どもたちはエッジ（隅っこ）が大好き

子どもは園庭の隅っこが好きです。それは何も子どもにかぎったことではありません。私たち大人も電車やバスに乗ると、たいていはできるだけ端に座ります。人は壁に囲まれていると落ち着き、精神的に安心するようです。

子どもも安心したところでじっくり遊びたいのです。そのために、エッジ（隅っこ）を利用することはとても重要なことになります。そのエッジを、コンクリートで覆われたものより、植物でつくってみてはどうでしょうか。毎日同じところで遊んでいても、植物なら季節により、花が咲いている時、葉が茂っている時、また葉が落ちて中がすかすかの時があります。さらに、花には生きものがついてきます。遊びながら、いろんな発見ができる空間、そして落ち着ける空間になります。

③五感をとぎすます空間でありたい

園庭が遊具だらけになっていないでしょうか。遊具では、五感は感じられません。

植物は花を咲かせるとき、生きものを呼び寄せるために匂いを放ちます。みなさんはクスノキの葉の匂いをかいだことがありますか？　少し年配の方ならご存知でしょうが、樟脳（しょうのう）の匂いがします。この樟脳は虫が嫌うので、昔は防虫剤としてよく使われていました。季節を奏でる香りは園庭の中でもとても大切な要素です。たとえば、梅雨前に咲くオガタマはバナナの香りがしますし、クチナシの香りは梅雨の香りで、いずれも季節が変わることを知らせてくれます。

秋に咲くキンモクセイは、私が暮らす京都では一〇月に咲き始めますが、この香りがしてくると、「運動会だな～」と感じます。ギンモクセイは少し遅れて咲きますので、この香りがすると、今度は「運動会は終わったね」と意味づけることも大事です。

また、ジンチョウゲは、関西では三月に咲きますが、この花が咲いたらクラスが一つ上になる、あるいは小学生になれる、などと伝えます。

このように、花はそれぞれ独特の香りをもっています。こうした記憶と香りが結びつき、卒園した子どもたちが、大きくなって、ふとした時に街角で子どものころにかいだことのある香りにふれたとき、園庭のこと、そしてあのときの先生や友だちとのやり取りを思い出してくれるかもしれません。その瞬間に園庭は忘れられない思い出として一生残るでしょう。

また、匂いだけでなく、色についても同じように季節を感じることができます。

樹木の葉っぱは同じ色のものはありません。もえぎ色をご存じだと思いますが、里山の樹木がいっせいに芽を吹き出すころ、山はもえぎ色になります。この瞬間はとても短く、二週間ぐらいで新緑になってしまいます。新緑の美しさもすばらしいのですが、同じように緑でもそれぞれに色の違いがあります。

そして、いうまでもないことですが、カエデ、イチョウなどに代表される秋の紅葉。色が変わる仕組みを知ることも大切ですが、それよりも季節が動き、葉の色が変わる不思議さをまず感じてもらいたいと思います。

音もそうです。木が風にざわめく音。何もないところでは吹いていてもみえない風が、樹木があると小枝が揺れたり、音が出たりして感じることができます。

鳥の鳴き声も春には違うことをご存知でしょうか。スズメも春にはさえずります。まして少し自然が残っていれば、野鳥はたくさんいます。ただその声に私たちが耳を傾けられないだけなのです。鳥を見る人はさえずりから鳥の名前を言い当てます。同じ空間にいても聞こえる耳をもっているわけです。

近くに田んぼがあれば、苗を植え始めるとカエルが鳴き始めます。里山で秋に、クヌギやコナラのドングリが静かな空間に落ちる音を聞いたことがありますが、それらすべて季節が演出してくれたものだということを感じることができます。

そして触感。カブトムシをさわったことがありますか？　カブトムシなどの甲虫の背中は堅くて光沢があります。また、足にはとげがあり、樹木をしっかりつかめるようになっています。トカゲやカナヘビなどの爬虫類は冷たいですが、このような感触は実際にさわってみて初めて感じることができるものです。

最後に味覚です。果樹や野菜づくり……食べて味わうものは、いろいろ考えられます。

④園庭緑化ではない、遊びの要素としての植栽を

「原っぱ」という言葉はもうなくなったのかもしれま

せん。民地の空き地には管理上の問題で、柵ができて入れません。私たちが子どもの頃は自由に原っぱに入り、草花遊びや虫とりなどをしたものです。このような子どもの頃の体験は忘れられない記憶です。

子どもたちにとっては、園庭にある樹木や草花はすべて遊びの要素と考えられます。ごっこ遊び、みたて遊びなどの素材として大きな役割を与えてくれます。花壇に咲いている花は観賞用であることが多く、「見てるだけ」「とったらだめ」です。花壇以外の地面に生えているものはたとえ植えたものでも遊びの要素と考えたいものです。

レンゲ畑で遊んだ記憶がある方もいらっしゃると思いますが、レンゲはお百姓さんが緑肥（そのまま田畑にすき込み、後から栽培する作物の肥料にする）として秋に種をまいたものです。決して子どもに花飾りをつくるためではありません。しかし、その昔お百姓さんは、それを許してくれていました。その中で育った人が大人になり花壇や他人の花壇の花をちぎることはありません。園庭の花を自由に遊びに使うことで育つ力と草花を大切にする力は同じなのです。ぜひ、子どもにはいろんな遊びに使って感性を育ててもらいたいものです。

草花遊びは期限付きの遊びです。春、カラスノエンドウが実り、子どもたちは笛をつくります。この笛は五月のはじめから二週間ぐらいで実が取れる時期は終わります。その間に笛づくりをしなくてはなりません。子どもではなかなか笛を鳴らすまではできないこともあります。保育者につくってもらいやっと吹けることができるでしょう。二週間ではなかなかクリアーできないこともあります。野の草は自然のサイクルで咲いていますから、来年この時期がくれば必ず咲いてくれます。ストロー笛のように、いつでも鳴らせることができるのと違い、野の草遊びは期限限定の遊びです。友だちの遊びをみておき、次の年にトライする、楽しむことができる遊びです。それまで子どもたちは、その思いをためておくことが大事です。

また、野の草は地域に根ざした草です。遊びに使える草花が咲いているところを、散歩などで調べておいて、種が落ちた頃にわけを話して土ごとわけてもらいましょう。土の中にはたくさん種が眠っています。保育園の片隅に野の草遊びの原っぱができます。

⑤野菜づくりの考え方

園の畑でとれる野菜の目的はなにか？　私は、収穫が本来の目的ではないと考えています。収穫を目的にするのは、お百姓さんです。保育園の畑はまず、保育の中に取り入れることです。クッキング保育というのがありますが、みんなで調理して食べることの楽しさがあります。園の畑は路地ものですから、季節を感じることができます。それに集団でつくる楽しさ、毎日見に行き、雑草などを取り除きます。その中で、土にふれ、土の香りをかいだり、虫を見つけて捕まえて、そこから自然のおもしろさを感じることができます。

自分たちで育てて食べるのも楽しいですが、じゃがいもやタマネギなどは、植える時期よっては年度をまたぐことがあります。自分たちの食べるものをつくるのではなく、卒園する年長さんが、来年度年長になる下のクラスのために植えておく、それを、年長になった子どもが食べて、また、次の年に送っていく、こうして畑が受け継がれていく、そのような野菜づくりを通して何かを感じることができれば一番いいのではないかと思います。

園庭が狭い保育園では、畑のスペースがとれないところもあります。それならプランターでもかまいません。どんごろす（麻袋）でも根菜類はできます。大事なのは、種・苗を買いに行くところから初めて、子どもと一緒に植える、そして、毎日見に行く、変化を見る――そのような身近なところに畑はほしいものです（野菜づくりの実際は80頁～参照）。

⑥生きものとの出会い

もう一つ大事なのは身近な自然には命がたくさんあるということです。遊具の多い公園では無生物の集まりなので命を感じることはできません。殺風景な公園でも一本の木が植わっているだけで暖かい感じがするのは、その樹がもっている命のおかげです。樹木があるおかげで他の生きものが暮らしていけるのです。こうしたことを感じることは、子どもにとってとても大事なことだと思います。「せんせいー　くさかったらあかん　むしいなくなる」これは、滋賀県のある保育園の四歳児が、保育士が運動会前に園庭の草を刈っているときに言いに来た言葉です。

この子どもは、毎日、草はらに出向き、草の中の生きものを探して遊んでいるので、虫は草の中にいるんだ、草は虫にとって大事なんだということを知っています。私も子どものころ、夏に父親と草はらでキリギリスを捕まえた記憶があります。でも、草を刈るといなくなるとまでは考えられませんでした。四歳にして生きものの暮らす空間をぼんやりわかっているようです。

■季節を感じる

命を感じるということは、季節を感じることにもつながります。生きものは季節によって姿が変わります。樹木なら春の芽吹き、新緑、紅葉、落葉、それにつれて生きものの姿も変わります。カレンダーではない、「生きものを感じ季節を知る」日本ならではの四季を感じることができます。

身近な生きものを観察、育てることは命と向き合うことです。「セミはすぐに死ぬから、かわいそうだから捕まえても逃がしてあげる」という考えがいまだにあります。はたしてそれでいいのでしょうか？　死ぬのは間違いないですが、観察する中で死ぬことと、自然界の中で死ぬことの違いはあります。捕まえた生きものがある日動かなくなり死ぬ。そのことを身近に知ることは、やはり観察することから始まります。命はいつかなくなる、そのことを身近な生きものから感じることができるのなら、捕まえた生きものを最後まで飼うことは大事なことではないでしょうか。

身近な自然を取り入れ、身近な生きものと触れ、命を感じ、命と遊ぶ——幼児期から九歳ぐらいまでにこのような体験をしておかないと、大人になってからではできない遊びのひとつかもしれません。

■生きものをさわる

子どもは虫が大好きです。好奇心が先行している時期の子どもは、なんでもさわって確かめようとします。虫は動きます。そのことが子どもの好奇心をさらに沸き立たせるのでしょうか。元来虫の嫌いな子どもはいません。では、どうして虫を嫌いになったり、恐がったりするのでしょうか。それには大人の影響があるように思えます。女の子も、幼児期はまず虫を恐がりませんし、むしろどちらかというと、男の子より大胆にさわってきます。その後を考えると、女の子はこの時期虫にさわっておかなかったら、一生虫をさわる機会を逃すかもしれません。

虫をさわるということは、人以外の生きものにさわるということです。昆虫を見つけた子どもは、形を確認したり、もがいている手足をさけるように身体を持ってみたりします。そして、虫を捕まえておくということはけっこう難しいものだということもわかります。たとえば、カナヘビを手で捕まえたとき、カナヘビはもがき手から逃げようとします。そのとき力を入れすぎるとカナヘビはつぶれてしまいます。ゆるく握ると、スルリと逃げてしまいます。この力の入れ加減が難しいのです。

生きものをさわるというのは優しさがないとできません。その習性を知っていないとさわれないのです。じかにさわる行為はインターネットで見つける情報とはわけが違います。実体験です。この実体験こそが子どもの心を育てる一番大事なものではないでしょうか。

■生きものが住める空間をつくる

身近な生きものがいる空間、それは、この世界には人だけではなく、いろいろな生きもののつながりで今の自分がいることの発見にもつながるものだと思います。

身近な生きものが住める空間をつくることはそれほど

難しいものではありません。チョウチョウを呼び寄せるには、チョウの食草を探して、その食草にあった草花を園庭のエリアに植えておくだけで地域にいれば必ずやってきてくれます。都会の中でも植木鉢で山椒を育てているお家の木には必ずナミアゲハの幼虫がつきます。またパンジー、ビオラのようなガーデニングの花でさえ、ツマグロヒョウモンチョウというチョウの幼虫がつきます。食草を調べてバタフライガーデンをつくることができるのです（つくり方は64頁参照）。

樹木は昆虫にとって、ねぐらであり食べ物でもあります。昆虫は人が見て綺麗な花にはあまりやってきません。どちらかというと小さい花の集まりである、ネズミモチ、オミナエシ、フジバカマ、サンゴジュのように、見栄えよりは蜜を多く含んでいることが重要です。

園で切った樹木はゴミとして出すのでなく、束ねて積んでおくと朽ち木に集まるオサムシ（甲虫）の仲間がやってきてくれます。朽ち木は冬の間の昆虫の寝床になるだけでなく、朽ちていけば土に変わります。自然に朽ちることのできる木はその中にたくさんの分解者が住んでいて、いい土になるのです。土壌生物は昆虫と違い少しグロテスクな形をしていますが、その生物も一つの命としてとらえることは大事なことだと考えています。

それらの生きものはすべて子どもにとって遊びの要素になるということです。遊びといっても、もて遊ぶというものではありません。生きものを観察したり、さわってみたり、友だちと共感してみたり、不思議さに驚いてみたり、それらすべてが子どもにとって発見・感動であり遊びなのです。

そのことで、生きものが死んでしまうこともあります。先ほどセミの例も出しましたが、「逃がしてあげて」といって、命の大切さを伝えることより、「死んでしまってかわいそうなことをしたなー」「埋めてあげような」と実際の死を前にして伝える言葉の意味は大きく違ってきます。虫も一つの命です。その命から、子どもが学ぶものはとても大きなものがあります。なにも、無駄なぐらい捕まえて殺してしまえと言っているのではありません。一つの命が終わるときに伝えておかなくてはならないものがあるのです。

今の世の中あまりにも無惨な死が多すぎます。命の大切さを伝えることは、そんな小さい命を知ることから初めてもいいのではないでしょうか。

コラム　どこに何がいる

春の虫探しは、マルムシ探しから始まります。きたの保育園は草刈りはしません。だから、バッタ、コオロギ、カマキリ、カエルなどたくさんの生きものがいつでもいます。その生きものがどこにいるのか？　年長ぐらいになると経験からわかっているようで、保育士より詳しい子どもはたくさんいます。毎日園庭に出るのが楽しみのようです。生きものを捕まえると名前が知りたくなり、図鑑を見に図書コーナーにやってきては数人で図鑑を囲みながら、「これかなー？」「ちがうなー」とやりとりをしています。そこで名前がわかれば、うれしくて、保育士に自慢げに報告してくれます。

あるとき、捕まえてきたバッタが、リンゴを食べると書かれていて、そのことがわかった次の瞬間、その子は給食室に飛んでいき、給食の先生に「リンゴちょうだい」と言っていました。給食の先生も「もったいない」と言うのではなく、少し切って子どもに渡してあげます。バッタがリンゴを食べるのを確かめると、給食室に行って「リンゴ食べた」と報告しています。

子どもにはそれぞれ得意分野があるみたいで、○○ちゃんはバッタ博士、△△ちゃんはカエル博士、□□ちゃんはセミ博士、中には毛虫博士と名付けられている子もいます。園庭の樹木には毛虫がつきます、その毛虫を誰よりも早く見つけて園長に報告しに来るのです。園長が毛虫退治をすることになっていて、火ばさみと殺虫剤を手に、博士につれられて、毛虫の現場に行ってもらいます。

（きたの保育園）

カミキリムシ

第Ⅱ部

園庭改造に取り組もう

1　果樹を植えよう

あなたの園の庭には木がありますか？　たった一本の木でも、あれば子どもたちはそれで楽しむことができます。まして、それが実のなる木だったらぐんと楽しみが広がります。

●実が付くと楽しい

果実は、実がなってこそ果実といえます。苗木の時はなかなか実を結んでくれないので、「桃栗三年柿八年ゆずは九年でなりかねる」などと言われていますが、実際はもう少し早く実が付きます。

実を結ぶにはまず花が咲くことが大事ですが、では、花は誰のために咲くのでしょうか。人に見せるためではありません。目的は受粉のためです。花が咲くのは、昆虫やその媒介となる生物を誘うためなのです。実が付くということは、そこに小さな生きものがたくさんやってくるということです。私たちはそれによって、自然の変化を観察したり、不思議さを感じ取ることができるのです。

●ありきたりの果樹がいい

園庭の果樹の種類は、できればありきたりのものがいいと思います。なぜかと言うと、子どもたちがやがて卒園して、小学校や中学校に行ったときや、大人になって地域を離れたとき、どこかの街角で、ふとしたとき同じ果樹に出会うことがあるでしょう。そんなときに園の果樹を思い出すかもしれないからです。

ありきたりの果樹で、印象に残る仕掛けがある、それが子どもにとって大事なことだと思います。

●実を食べに来る生きものが見られる

園の果樹は、園に暮らす生きものみんなのものです。

子どもたちだけでなく、保護者や先生、そして、昆虫や鳥たちのものでもあります。

収穫時に鳥に取られないようにネットで覆ってみたり、虫がこないように袋をかぶせているのを見ることがあります。虫や鳥に食べられてもいいのです。そのときに初めて、自分たちの暮らしているところは、私たち人間だけのものではなく、いろいろな生きものがいっしょに暮らしている、これからも共に暮らしていくんだということを感じとれるのではないでしょうか。子どもたちと一緒にそうした自然の成り立ちを実感することは、果樹を食べることより、たくさん実を付けさせることより大事なことかもしれません。

木は大きくなくても充分に実が付くものもある

狭い園庭でも、工夫しだいで果樹は育ちます。たとえば、ウンシュウミカンやユスラウメ、木イチゴ、ビックリグミ、イチジク、クワなどは、仕立て方が小さくても実を付けることができます。また、フェンス緑化などでは、ブラックベリー、ラズベリー、パッションフルーツ（トケイソウ）などを取り入れると楽しいものを

コラム　渋柿の話

滋賀県のある保育園で柿を植えようという話になったときに、私は園長先生に「渋柿を植えましょう」と提案したことがあります。そして渋柿を植えたのですが、一年目に実がつきました。年長の子が園長先生に、「柿が赤うなってるし、熟してきたし取ってええか?」といってきたので、園長は「いいよ」といいました。子どもたちは喜んで、園庭のタイヤを積み木のように積んで一つもぎ取りました。取った子は、意気揚々と給食室にもっていき、切ってもらって食べたのです（そのときそれが渋柿だと知っていたのは園長だけだったのですが）。子どもは食べた瞬間に「にがい!」と言ったそうです。そして、そこではじめて柿には渋柿もあることを知ったわけです。

次の年から、その渋柿は、園長が皮をむいて干し柿にしてつるすようになったのですが、やっぱり子どもは賢く、その干し柿が熟すころになると食べに来るのだそうです。下だけをかじって食べていくということです。

（きたの保育園）

す。

　これらの木は切り込みに強いので、切る時期さえ間違えなければ実*がたくさん付いてくれます。

＊小枝を残す。花が咲いてから他の枝を切る。冬に力の強い枝をおとす。

●みんなで収穫が楽しみ

収穫の時ほど楽しいものはありません。園庭の果樹を自由に取れる高さにしてあるならば、約束事を決めて、毎日赤くなったものを二個だけとか、かならず先生に取ってもらうこととか、年長さんに取ってもらうことなどを決めておくのも楽しいものです。でも、そうはできない果樹もあります。木に登らなければ取れないものや、カキなどは、収穫時、枝が折れやすいので注意しなくてはなりません。

　そんなときは、たとえば収穫祭のような取り組みはどうでしょうか。みんなで収穫してその場でみんなで食べてみる。農薬をかけてない果樹だからこそできるイベントは子どもたちの心にきっと楽しい思い出として残るでしょう。

●苗から植えると、丈夫に育つ

果樹を苗木で購入すると接ぎ木がしてあります。それは、丈夫な根っこに実が付く木を刺して、継いでいるのです。

　苗木を植えた場合は、実が付くまで数年かかることがありますが、木自体はとてもじょうぶに育ちます。みなさんご存じのように山の木はそのほとんどが実生です。勝手に鳥や生きものが運んできたものが根を張り大きくなったものです。根が育ってから木が伸びるので強いのです。

　苗木はまず根を伸ばします。そして、その根にあった幹をのばします。幹まわりが一〇センチほどの高木を植えても五年も立てば苗木で植えたのと同じぐらいになり、やがて苗木から植えたほうが追い越してくれます。値段も安く、かんたんに植えられる苗木植栽は、保育園や幼稚園にはとても魅力的ですし、成長していく過程も楽しめます。

コラム　苗木植栽で築山の改造

小さな園庭の真ん中に滑り台があります。その滑り台は、築山を利用してつくられていました。ただ、築山が高いのでどうしても土が流れてしまいます。そこで、この築山に苗木の植栽をしました。植えた樹木は、ネムノキ、クヌギ、コナラ、カシワ、ハギ、キンモクセイ、カキ、コブシ、アラカシ、イチジク、ウバメガシ等です。苗木ですからそのほとんどが一メートル弱です。子どもが遊ぶ園庭ですから、植えた木を踏まないように、まわりを囲い、クローバーの種を土の流出防除のためにまきました。

二〇〇七年の一月に施工して今年で四年半経ちました。樹木は大きく成長して、滑り台の滑るところを覆い隠そうと計画して植えたネムノキは見事にその役目を果たしてくれています。

昨年からはネムノキも花を咲かせ、クヌギやイチジクも身を結んでくれました。苗木での植栽は時間が多少かかりますが、条件さえ整えば、小さな林ができることもあります。

（くわのみ保育園）

果樹の12ヶ月のカレンダー

月ごとに違う実がなれば一年中楽しい

4月甘夏、5月はイチゴにユスラウメ、6月はビワ、7月モモにアンズ、8月ブドウ、9月にナシにイチジク、10月にはナツメにカキにクリ、11月はリンゴ、12月は温州ミカン、1月ハッサク、2月にキウイ、3月ナツミカン。一年を通して保育園にこんな果樹を植えれたら、食いしんぼうな子どもたちのパラダイス。少し気の長い話ですが、卒園記念にみんなで毎年一本ずつ植えていったらどうでしょう。それとも、12年間保育園にお世話になって12ヶ月のカレンダーが揃うのを見届けましょうか。

イチジク
ナツメ
カキ
ナシ
ブドウ
10月
9月
8月
アンズ
7月
6月
5月
モモ
ビワ
ユスラウメ
イチゴ

①ビワ

ビワは実がたくさんとれるので楽しい果樹です。花が咲くのが一二月なので媒体となるのは鳥が主になります。実を大きくしたい場合は、摘果（てきか）といって一つの枝の実の付き方を制限するとよいでしょう。実はもちろんおいしいですが、葉っぱも煎じてお茶にしてもいいし、お風呂に入れて薬湯にもできます。

実にはたくさんの昆虫や野鳥が訪れます。木も登りにくい木ではありません。木の根元から株立ちといって数本幹をのばすことがあるので一本立ちにせず、登りやすい工夫をすれば子どもでも登れます。木に登り、鳥や生きものを観察する、捕まえてみる、そんなことができる樹木の一つです。

②イチジク

花が実の中にできるという、おもしろい果樹です。実（花）は春に伸びた木の先に順番に付くので、下から順にとっていくとよいでしょう。木を横に延ばすようにすると根元に近いところから順番に葉実が収穫できます。子どもの目の高さに仕立てることもできるので、境界用として、工夫しだいでイチジクのフェンスもできます。ジャムにもできますが、やはり生食が一番おいしいです。昆虫もコガネムシをはじめ、いろいろな生きものがたくさん訪れます。剪定方法もかんたんで、秋にきつく切り込んでも必ず実が付きます。

③ブラックベリー

園庭はフェンスで囲まれていることも多いので、フェンス緑化にはこのような果樹がいいでしょう。見た目冷たいフェンスも緑化することで暖かみがでますし、花や実がなるので生きものも集えるフェンスになります。外国産のものだけでなく、一年草では、ゴーヤまたはアケビ、ムベなども地域によっては好まれます。ベリー系は生食もおいしいですが、やっぱりジャムが一番。夏の行事やおやつのときに園のみんなで収穫したベリージャムをパンにぬって食べれば、楽しさが倍増することうけあいです。

①植え付けはフェンスにもたれさせて巻き付けるように植え込む。
②伸びるのが早いので、多く植える場合は間隔をあけておく。
③春に植えると、夏前に花が咲き実を結ぶので、春以降は枝を切らないようにする。
④枝が暴れたら、フェンスにくくりつけましょう。

フェンスに巻き付けたブラックベリー

④ユスラウメ

ユスラウメは、花はサクラと同じ頃に咲き、実は六月頃に熟します。小さくても立派な実がたくさんとれて、樹木自体も大きくは仕立てなくてもすむので、子どもにも喜ばれます。色が赤く変わると食べれるので見ていても楽しく、種が中にあるので、それを植えると実生の木が育ち、少し大きめの植木鉢で植えることもできます。

夏の水やりは子どもたちの日課として、みんながのどが渇けば水をあげるという約束事を決めるなりして、育ててはどうでしょう。

プランターは大きめ

水をたっぷり

肥料と土を入れる

〈プランターで育てる場合のポイント〉

①プランターは大きめの、根が十分回ってもいいものを選ぶ。できれば子どもの背の高さに実がくるぐらいのものがよい。

②元肥として、鶏糞を少し入れておく。有機物のバークたい肥、腐葉土、籾殻、スミ、かぬま土などを混ぜ込み、できるだけ排水性がよい土に植える。

③植えるときは十分水を入れて植えつける。

④支柱は、苗の1・5倍の杭を打つ。

⑤プランターの場所は、子どもがいつも見れるところに置く。

⑥秋に延びた枝の短い枝に花が咲くので、秋に切り詰めないように注意する。

⑦水やりは、秋口まで毎日行う。

木自体にも、毛虫がそれほど発生する時期でもないし、子どもが自由にとれる高さなので、言うことがないぐらい楽しめる果樹です。

グミの実は果物屋さんにはありません。だからこそ、保育園、幼稚園に一本はほしい樹木です。実が小さいので鳥も来て食べてくれます。身近に自然を感じることのできる大切な樹木です。

⑤ビックリグミ

実がたくさんとれます。花が咲いてから二ヵ月ぐらいでとれます。渋みが残ることもあり、柔らかく熟した時が食べ頃です。「刈り込み」の時期さえ間違わなければ、たくさん、長い期間とれます。実が大きくなるのに時間差があるので、毎日一人二個と決めている園もあります。

日当たり、水はけのよい場所に植える

①日当たり、水はけのよい場所に植える。
②苗で植えると、春から徒長枝といって強い枝が伸びてくる。その枝は木が大きくなりたい枝なので、ある程度の大きさになると切り、押さえる。
③次の年に、その徒長枝の葉の付け根から小さい枝が出てくる。実はこの小さい枝に花を咲かせる。
④剪定は、徒長枝は切ってもいいが、小さい枝は、花を春に咲かせるために残しておく。
⑤花は秋に枝に隠されているので、小さい枝は残して剪定する。

2 雑木林をつくろう　香りやどんぐりなど楽しさがたくさん

①クヌギ（黄葉）

樹木が大きく育つと、大きなドングリがとれます。実は一年冬を越すので、秋に枝を切り詰めるとドングリはできません。ドングリの中では一番大きく、「ドングリ笛」や「ヤジロベー」など工作にも楽しめます。皮に切り込みを入れて木の幹から蜜を出すと、カブトムシ、クワガタやカナブンなどの昆虫がやってきてくれます（蜜を出させるにはボクトウガの幼虫が必要になる場合があります）。

②コナラ（紅葉のはじめは黄葉、しだいに橙～赤茶色へと変わる）

里山に一番多く、かつて人が植林したものです。薪や炭をつくるうえで欠かせない燃料として昭和三十年代までは管理された里山には多く植わっていました。この木は成長が早いので、苗木で植えても十年ぐらいでしっかりした林をつくってくれます。ドングリは中ぐらいで、クヌギと同じように「ドングリごま」や「ヤジロベー」など工作に使えますし、秋にドングリを植えておけば翌年の春には必ず芽を吹いてくれます。樹齢三十年ぐらいで一度、根元から切り倒してしまっても枯れません。切ったものはホダギ（椎茸をつくる）にもなりますし、切り株からは芽を吹き出します。クヌギと同じく昆虫もたくさん集まります。

③ムクノキ（黄葉）

木登りには最適の木です。昔、天秤棒にしたぐらいしなりに強く、折れることはまずありません。実は秋に熟して鳥などのエサにもなりますが、人が食べてもおいしくて子どもたちといっしょにとりあって、「種飛ばし」なども楽しめます。飛んだ種は、そこから芽を吹くので、知らない間に一本また一本とムクノキが増えていったりするのが楽しいです。

④エノキ（黄葉）

神社や墓地などに行くと、必ず大きな大木でドーンと存在感をもっているのがこの木。成長が早く、木の中程から枝が四方に伸びるので、植えて十年ぐらいでツリーハウスにもできやすい木です

葉っぱは、ゴマダラチョウやオオムラサキ（国チョウです）などのチョウの食草になっています。近くにこの種類のチョウがいれば、必ずやってきてくれます。オオムラサキは落ち葉の中で冬を越すので、落ち葉の掃除には気をつけたいですね。実は小さいですが食べられます。

⑤ケヤキ（一本ごとに異なるのが特徴、赤・橙・黄）

ご存じ、紅葉の王様。秋に紅葉が始まるとそれぞれ自分の色を出して秋を演出してくれます。褐色を帯び始めると落葉してしまう、いわゆる褐葉*の代表みたいなもの。木は大きくなり、竹箒を逆さにしたような樹形になります。関西ではそれほど大きくなりませんが、関東方面ではとても大きくなります。土壌が関係しているようです。

＊褐葉：秋に起こる落葉樹の葉の色が変わる現象を紅葉といいますが、厳密には赤色に変わるのを「紅葉（こうよう）」、黄色に変わるのを「黄葉（こうよう、おうよう）」、褐色に変わるのを「褐葉（かつよう）」と呼びます。時期が同じためか、ともに「紅葉」として扱われることも多いです。

⑥カエデ（紅葉）

イロハモミジ、オオモミジ、ヤマモミジ、ミネカエデ、ナンゴクカエデ、コムネカエデ、アサノハカエデ、ウリハダカエデ、ホソエカエデ、トウカエデとカエデの種類はたくさんあります。標高の高いところや、平地でも平気なものの中には黄葉するテツカエデやイタヤカエデといったものもあります。葉っぱがカエルの手の形をしているところからカエルデがカエデに変わったといわれています。葉っぱや幹を折ると甘い香りがします。いわゆるメープルです。

⑦コブシ（淡い黄色）

春を告げる代表的な樹木。モクレンに比べると花びらが小さく、後で実ができる。実が拳を握った形に似ていることからこの名がつきました。実は割けて中から赤い実をぶら下げます。赤く、いかにもおいしそうにぶら下

がるので鳥たちは大好きのようです。

⑧カシワ（茶色）

柏餅のカシワです。葉は新芽が育つまでは古い葉が落ちません。「子孫繁栄（家系が途切れない）」という縁起をかついだものだといわれています。カシワの実も大きなドングリがとれます。

⑨センダン

『センダンは双葉より芳し（かんばし）』という言葉がありますが、それはこのセンダンとは違って白檀（びゃくだん）のこと。このセンダンは初夏に（関西では5月に）花を咲かせます。紫色のセンダン科の花が、緑の葉の中にあるのはとても美しく、実も秋に熟し、落葉すると鳥たちの格好の冬のごちそうになります。成長が早く、大きな日陰をつくってくれます。

⑩ヤナギ

川の近くによく生えます。川で流れた枝が運よく土手に突きささっても、その枝から根を伸ばして大きく成長したりもします。水中に生えても根腐れすることもなく、土自体があまり豊かでなくても成長できます。なので、園庭の土が悪ければ、とりあえずヤナギをさしておくと大きく成長してくれます。ただし、春先でないと芽は吹きません。

⑪ネムノキ

成長が早く、マメ科特有、荒れた土地でも育ってくれ、成長も早い木です。花は夏に、春に伸びた枝先に咲き、葉っぱは夜になると閉じてしまいます。夕方遅い時間に保育園を訪れると、葉がしぼんでいるのを見ることができます。「葉っぱもおねんねしたし、帰ろうね」と家路を急ぐ親子が目に浮かびます。

⑫ムクロジ（黄葉）

里山でもあまり見かけませんが、この実を使って遊んだ経験はみなさんあるのではないでしょうか。お正月にする「はねつき」の羽についている黒い実がムクロジの実です。秋に落葉した木を見ると枝先にブドウのような実が数個ついています。それが果皮に包まれた実で、その果皮にはサポニンが含まれているのでシャボン玉遊び、洗濯ごっこができます。中に黒い堅い実が一つ入っています。

⑬マテバシイ

シイの中で一番大きな実が付き、生食でも食べられる実もたくさん付き、おいしいです。

花は5月ごろ咲き始めますが、シイの木独特の香りがします。落葉樹ではないので大きくなると日差しを遮り暗くなることがあるので、植える場所を考えなくてはなりません。でも、暗い森をイメージするときは、シイ類やカシ類の常緑高木はおもしろい空間をつくってくれます。葉は春に新芽が出てから落ちるので、落ち葉の時期が落葉樹とは違っておもしろい演出をしてくれます。

⑭ヤマボウシ（濃い赤・橙）

アメリカハナミズキが多くの庭木で植えられていますが、ヤマボウシは元々自生する在来の樹木で、葉っぱが出てから花が咲くので、緑の中に白い花が目立ちます。実は熟すと小さなサッカーボールのような形になり、食べられます。

⑮ナンキンハゼ（外来種）

街路樹でも植えられていて、中国原産ですが紅葉が美しい木です。葉っぱが七色に変わるといわれていて、落ち葉で工作することもできます。花は目立ちませんが実は秋から冬にかけて熟し白くはじけます。その実を食べにたくさんの鳥たちが訪れてくれます。

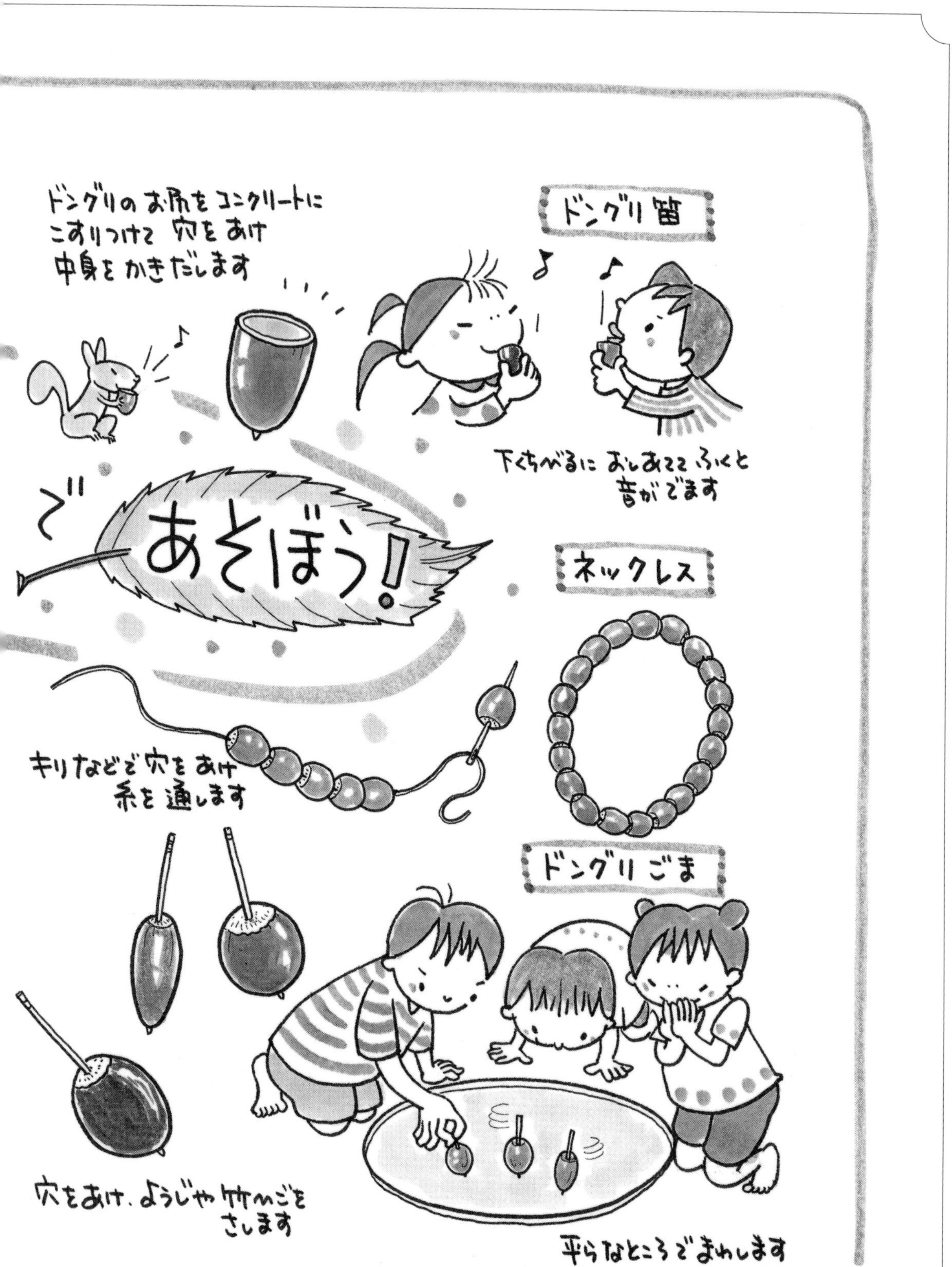
ドングリのお尻をコンクリートに
こすりつけて 穴をあけ
中身をかきだします
ドングリ笛
下くちびるに おしあてて ふくと
音がでます
で
あそぼう!
ネックレス
キリなどで穴をあけ
糸を通します
ドングリごま
穴をあけ、ようじや竹ひごを
さします
平らなところでまわします

ヤジロベー
穴をあけて 竹ひごを 通します
ドングリ
ド
クヌギ
ン
コナラ
グ
マテバシイ
リ
カシワ
ドングリ動物園
イヌ
キリン
カブトムシ
ネズミ
おひなさま
はっぱを たてに 折ります
着物にして ようじで とめます
何枚も 着せても.

3　匂いの丘づくり

匂いは記憶と深いつながりがあると言われています。私もクチナシの匂いを嗅ぐと小さいときに庭に咲いていたのを思い出し、その時の庭の風景がありありと甦るときがあります。

クチナシ以外にも、よく知られているキンモクセイやギンモクセイ、春に咲くチンチョウゲなど、香りを出す花はたくさんあります。また、他にもジャスミン、オガダマ、クリ、シイなどなど。また、葉っぱをもむと香りを出すものには、シナモン、クロモジ、ヤブニッケイ、シロダモ、冬の花のロウバイ、ゲッケイジュなどたくさんあります。ならば、その花を園庭に配置し、保育園の思い出に刻むことはできないかと、香りのする樹木を築山に配置して、遊びの中で子どもたちに自由に使ってもらい、香りと思い出を刻んでもらう仕掛けをしてみました。

トベラやクサギなどは独特の香りをもっていて、幹や葉を揉んでみると印象に残る香りがします。それらの樹木をただたんに鑑賞するだけでなく、遊びの中で使うことで保育園でも思い出に刻まれます。これらの樹木は、子どもの隠れ家的なところに配置したいです。子どもがじっくり遊ぶ中でほのかに香りを漂わせてくれることが大事かと思います。

チンチョウゲ
キンモクセイ

コラム　季節の草花を育てる

子どもたちにとって園の草花は観賞用だけのものではありません。花壇の植物を眺めることもよいのですが、園庭の草花も遊びの要素というふうに考えたらいかがでしょう。美しい花をみることは情操教育にはなるかもしれませんが、手で触り、匂いを嗅いで、葉っぱや花びらで遊ぶことで、豊かに五感を使うことが大切なのではないでしょうか。

花は園芸種を植えるより、季節の草花を植えたいものです。地域の自然にあった草花がいいでしょう。たとえば、春や秋の七草などはどうでしょうか。春の七草はおもに薬草ですが、地域には必ずあるものです。秋の七草は夏から秋にかけ咲き、チョウチョを誘引する蜜の多い植物です。渡りをするチョウとして有名なアサギマダラは秋の渡りの時には、フジバカマにやってきてくれます。直線距離で一五〇〇キロにもおよぶ渡りをするチョウが保育園の園庭にやってくることもあるのです。

保育の仕事は手がかかるので、花壇の植え替えはちょっとできないという園には、宿根のものをお勧めします。チューリップは球根に菌が入りやすいので、必ず陰干しをしなくてはなりませんが、日本の在来の宿根のものは植え替える必要はありません。季節を感じる配置にすることで毎年必ず花が咲きます。それでいて強いものが多いのです。

オミナエシ

ただ一つ気をつけてほしいこと。草花には、毒があるものもあります。ヨウシュヤマゴボウという草は、実が色遊びに使えることで園では重宝されています。これには、全草に毒があります。成分はフィトラッカトキシンとフィトラッキゲニンで、誤って食べると、嘔吐や下痢が起こり、さらに中枢神経麻痺から痙攣、意識障害が生じ、最悪の場合呼吸障害や心臓麻痺により死に至るとも言われています。恐がることはありませんが、植物にはたくさんの毒が含まれていることを忘れてはならないことかもしれません。

春の
七草
セリ
ナズナ(ペンペン草)
ゴギョウ(母子草)
ハコベラ
スズシロ(ダイコン)
スズナ(カブ)
ホトケノザ(コオニタビラコ)
秋の
ハギ
オミナエシ
フジバカマ
ススキ
クズ
ナデシコ
キキョウ

4　バタフライガーデンをつくる（4頁参照）

チョウの食草、蜜のある植物、そして羽を休める場所。この三つをあなたの園庭に用意することで遠くからもチョウが来てくれます。そんな仕掛けがバタフライガーデンです。チョウにはそれぞれ食草があります。食草とはチョウの幼虫が食べる草（葉っぱの部分）のことで、中には花を付けるものもありますが、どちらかというと花の蜜は少ないものが多いです。ガーデンには食草とともに、蜜の多い植物（給蜜植物）を植えることが必要です。給蜜植物として蜜が多いので有名なのは、秋の七草のフジバカマ、オミナエシなどですが、ブッドレア、ランタナも長い間咲いているので定番です。

さらに、隠れ家として休める灌木などが必要です。葉が茂っているものならだいたいいいようですが、背の少し高い草の中や隠れ家になりそうなものにも隠れます。

ガーデンは子どもが毎日通る所、子どもが見つけやすい場所につくると楽しいです。子どもの目線の高さに植えることで、止まっているチョウも発見しやすくなります。

コラム　害虫や病気の対策

初夏と秋口にはチャドクガがたくさん発生します。茶系のもの、ツバキ、サザンカなどに必ずといっていいほどきます。チャドクガの場合は刺されると全身に湿疹が出て、病院へ行かなければならないこともあります。ですから私は保育園にはできるだけツバキ、サザンカを植えないようにしています。もし植える場合は、冬の間にしっかり卵を除去するなど管理をきちんとする必要があります。

イガラも刺されると痛いのですが、腫れは広がらず、部分的でとどまりますので、大ごとにはなりません。「チャドクガには近寄らない。イラガはさわらない」ようにしてください。一番危険なのは、キイロスズメバチです。刺されると命にかかわることもあります。自分たちで退治できる相手ではないので、すぐ役所に届けましょう。他の毛虫はそのほとんどが刺しません。毛虫＝刺す＝危険という考えは捨ててください。まず図鑑などで調べて、その幼虫を探してください。チョウチョウは食草が決まっていて、食べる草も決めています。ですから草を調べれば何の幼虫かすぐにわかります。

シジミチョウとフジバカマ
モンシロチョウとランタナ

・チョウには飛んでくる道があります。大きな木も植えて園庭に招き入れましょう。チョウが飛ぶ季節は春と秋なので木の種類は常緑でなくてもよく、基本的には在来の樹木で、ケヤキ、ムクノキ、エノキ、センダン、ネムノキなどの落葉樹が適しています。

・チョウは、春だけ成虫になるもの、春から秋にかけて何回も成虫になるものがいます。また、さなぎで冬を越すもの、成虫で越すものなどもいます。

・チョウとガの見分け方はいろいろありますが、とりあえず、触角の部分がこん棒状のものがチョウチョウです。でもセセリチョウは先が曲がっていたりもします。

・図鑑を用意しておくと、子どもたちは自分で調べるようになります。ぜひ用意してください。

コラム　虫と遊ぶ

〈地バチ〉

バッタを捕まえてきたハチが地面をうろうろしているのを発見して、みんなで見ていました。刺すハチと刺さないハチがいることを事前に伝えてあるので、興味をもち、何をしているのか、どうしたのかなど思いながらハチの姿を観察していました。そのハチは地面に穴を掘って餌を運び入れるハチなのですが、その穴をハチが留守のときに、子どもが埋めてしまっていたのでした。ハチはもってきたえさをほっぽり出して一生懸命自分の穴を探しています。保育士がこのハチは地面にお家をつくって、その中で赤ちゃんを育てていることを伝えると、そんな姿を見て、子どもたちは、怖いという感覚から「かわいそう」「お家に入れないんや」「先生どないかしたげ」とハチの気持ちになって伝えてくる姿が見られました。穴を埋めた子どもは、もうしわけなさそうに見ていました。

〈セミ〉

セミ捕りは、夏の遊びの醍醐味で、虫かごにいっぱい入れて楽しんでいます。保育園には、ケヤキは一本あります。子どもたちが朝・夕遊んでいる時には、数匹しか見つからないのですが、ある時の昼間、園庭に子どもたちとブドウをとりに行きました。

ブドウの熟し具合を見ていたのですが、その日虫がつき始めたので今日しかないということで昼にはじめて園庭に出ました。そのとき初めてケヤキにセミが何十匹と群がった姿を見つけられました。この時間帯はお昼寝などがあってあまり出ることが少ないので、子どももビックリ。そのとき、保育士はいたずら心がむくむく出てきて、子どもをケヤキの木の近くに集めて「みんな何匹いるか数えてみ」と誘いました。そうしておいて、いきなりケヤキを蹴ったのです。案の定セミは大量のおしっこをして飛んで行きました。子どもたちはまたもビックリ。中には泣き出す子もいて、先生はその後あやまりまくっていました。

補虫網は何本も用意してあります。自由に使っていいことになっていて、お父さんたちは、子どもにせがまれて、朝一匹とってから職場に行く姿が夏の風物詩になってきています。もちろん朝早くから、網をもった子どもたちが群れをなして園庭のセミを捕まえています。捕まえたセミは、カゴに入れることもありますが、手に持って、形のおもしろさ、鳴声などを感じているようです。

あるとき、けんかしている子どもの仲裁に入っている、年長の子どもの手にはなぜかセミがにぎられていました。その姿が微笑ましくて、印象深く覚えています。

（いずれも紫野保育園）

5 野の草ガーデンをつくる

シロツメクサでつくるじゅうたん

野の草、かんたんにいえば雑草といわれるものたちです。この雑草が子どもたちの遊びを広げてくれます。芝生の管理は少し知識がないとできませんが、クローバー（一般的にはシロツメクサを指すことが多い）の管理はかんたんです。シロツメクサはマメ科の植物ですから、比較的どのような土地でも生えてくれます。背丈もそれほど大きくはならないので、緑のじゅうたんとして、また花は、花飾りにして遊べます。

野の草は、地域に根ざした草です。遊びに使える草花が咲いているところを散歩などで調べておいて、種が落ちたころに土ごともらいましょう。民地ならわけを話して了解をとることも大事です。土の中にはたくさんの種が眠っています。

シロツメクサのじゅうたん作り方

必要なところだけ
3cmくらい掘る

① 秋、園庭の土を3cmくらい掘る

② 種が落ちた頃に
土ごともらってきて、まく

土の中に種が眠っているよ♪

③ 冬を越させる

シロツメクサの花輪をつくろう!

③ ← ② ← ①

コラム　草花で遊ぶ

きたの保育園では、咲いている草花は、観賞用も含めて、どの花も摘んでいいことになっています。花の時期の子どもたちの遊びはとても華やかで、色とりどりの花が飾られます。二歳ぐらいの子どもたちは、同じ花をたくさん摘んで、花束にして持って歩くのが楽しいようです。四歳ぐらいの子どもたちは、お料理ごっこで楽しんでいます。お弁当を砂場でつくり、その飾り付けに色とりどりの花が添えられます。そのお弁当は本当に子どもが苦労してつくったのが見てとれるぐらい工夫されています。園庭の花は、遊びで使うのは好きなだけ摘んでいいことにして良かったと思います。やはり子どもは、いろんな素材で工夫して遊ぶそのことが、子どもの心に何かを残してくれるのだと信じています。ただむやみに摘んでほったらかしにしておくことはだめということは言ってあります。花を摘んで遊びに使うのは定着していて、毎年子どもたちは春から楽しみにしている園庭の遊びの一つです。

草花摘みは女の子と思うでしょうがそんなことはありません。男の子も摘んで遊びに使っています。コスモスの花をお母さんにあげるといってきた男の子はお母さんのためにたくさんコスモスを摘みました。お迎えの時にお母さんに渡し、お母さんはその花をお家にもってかえり、ストローを折って水を入れて、一本一本ストロー花瓶をセロテープで止めて、部屋に飾ったと聞きました。保育園の花がお家でも飾られ、お母さんとそのとき摘んだ花の話を子どもはいっぱい話してくれたそうです。お母さんはそのとき子どもが保育園で楽しくすごしていることがとてもうれしかったとおっしゃっていました。

（きたの保育園）

6 隠れ家をつくる（11頁参照）

隠れ家をつくる、それはエッジをつくることです。落ち着いて遊べる隠れ家空間を植物でつくることができます。ヨーロッパでは柳の小屋やトンネルが有名ですが、やはり季節を感じることができるものを取り入れたいものです。

レンギョウやユキヤナギなどの灌木を工夫して隠れ家をつくってはどうでしょう。常緑でないこれらの灌木、レンギョウなら春に黄色い花が咲き、黄色い小屋ができます。

季節によりいろいろな形を見せてくれる樹木の隠れ家。その中で子どもたちがごっこ遊び・虫取り・植物採集などをして遊びができます。樹木は生きもの。生きているものに囲まれて遊ぶこと。それは、体験した者でないと感じることができないかもしれません。

夏の暑さも植物の中に入ると、蒸散作用で、涼しく感じたり、森林浴とまではいきませんが、フィトンチッドはたくさんでています。

＊蒸散：植物体内の水分が体表から水蒸気として排出される現象。

＊フィトンチッド：木の香り、「森林の精気」

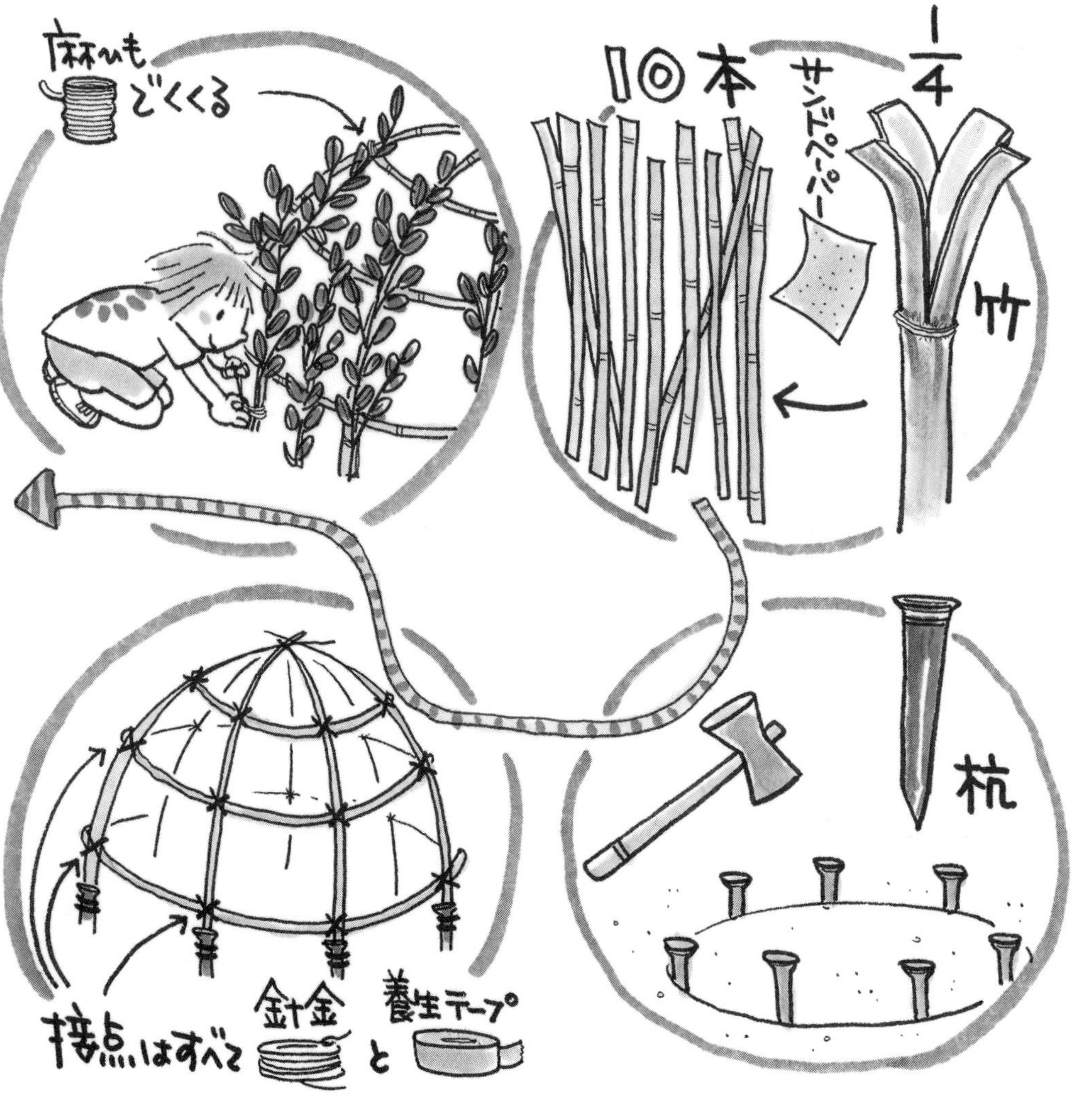

①竹で枠組みをします。

②竹は真竹を四等分に割り、竹ひごのお化けのようなものをつくります。

③なたで割った竹は、ささくれているので、しっかりサンドペーパーをかけて、ささくれを取り除きます。

④10本ほどつくったら、いよいよ組んでいきます。

⑤ドーム状になるように竹を組みます。そのとき地面との接点は杭などを打ち込み、それに竹をくくりつけます。

⑥くくるときは、穴を開けて、針金を通して、その上に養生用にビニールテープを巻きます。

⑦竹の枠組みの接点はすべて、針金で養生してください。

⑧枠組みが完成したら、樹木を植えていきます。
⑨土壌改良した土に1メートルあたりで3本ぐらいの間隔で植え付けます。
⑩植え付けた樹木は、竹の枠組みにくくりつけて倒れないようにします。
⑪一年経てば、みどりの小屋ができますよ。

レンギョウ
ユキヤナギ

7　みどりのカーテンをやってみよう（11頁参照）

強い夏の日差しを避けるために、園でもテントを張ったり、日よけ用のクロス（ターフ）をしているところを見かけます。そのクロスやテントの代わりになるのが、みどりのカーテンです。植物はその葉から蒸散作用をしているので、人工的な日よけと違い、温度を下げてくれる効果も期待できます。

プランター栽培でも充分に育つゴーヤ、マクワウリ、ヒョウタンなどは実がなる楽しみもあります。

プランターで育てるときは土づくりが大きなポイントになってきます。保水性があり排水性があることが大切です。肥料も大事。野の花は肥料はいりませんが、このような実をつけてくれるものには必ず肥料が必要です。ましてプランターならなおさらです。

土は真砂土といわれる、おもに花崗岩の風化した土（グランドなどで使われるもの）に腐葉土を混ぜ込んで、できれば土壌菌が含まれる雑草などが生えている土を入れるといいでしょう。植物の根は肥料を吸収するときには必ず土壌菌がその受け渡しの役目をしてくれます。根の回りに多くの土壌菌があるので雑草などの根の周りの土が大事になってくるのです。

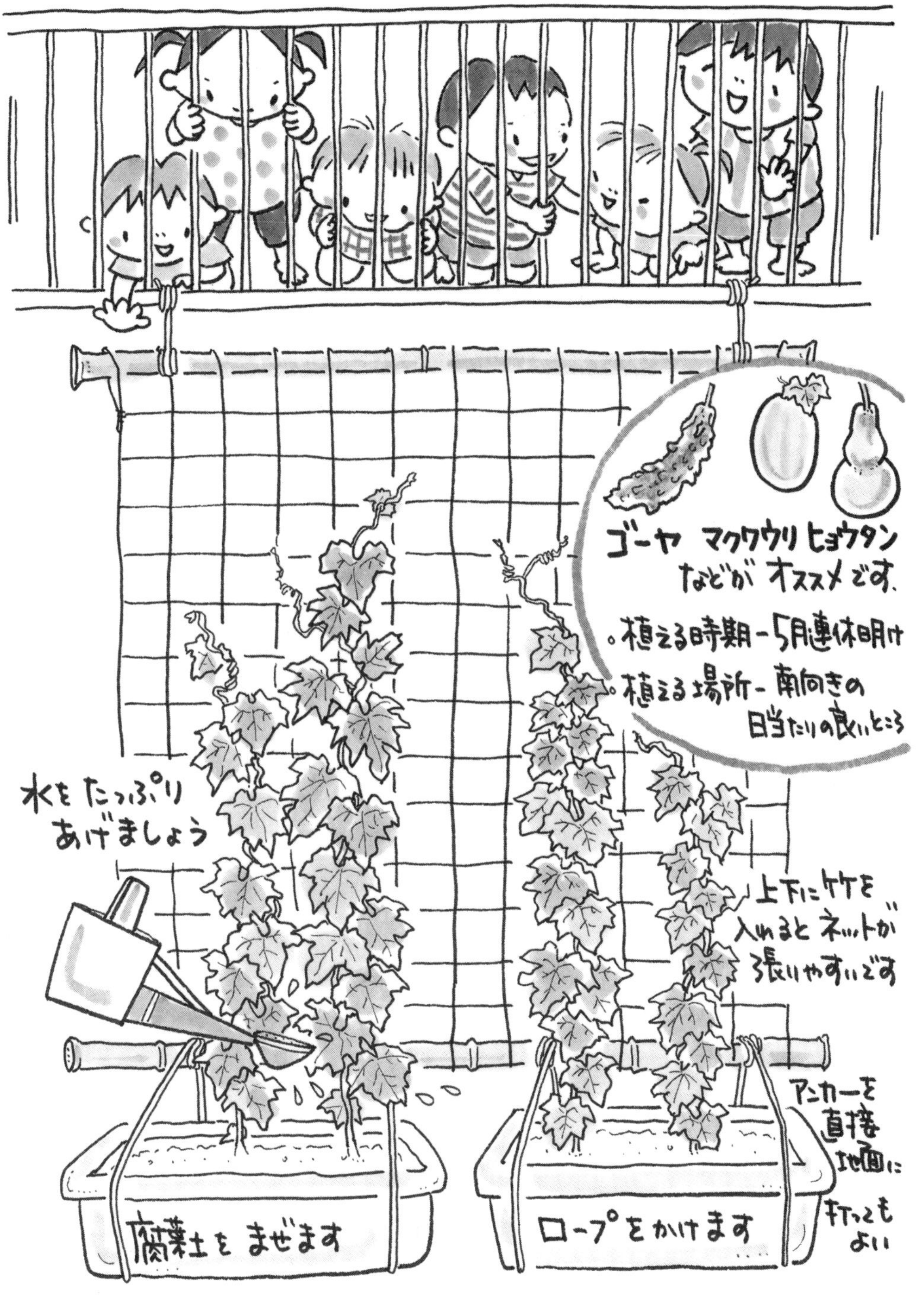
ゴーヤ　マククウリ　ヒョウタン
などが　オススメです。
。植える時期ー5月連休明け
。植える場所ー南向きの
日当たりの良いところ
水をたっぷり
あげましょう
上下に竹を
入れるとネットが
張りやすいです
アンカーを
直接
地面に
打ってもよい
腐葉土をまぜます
ロープをかけます

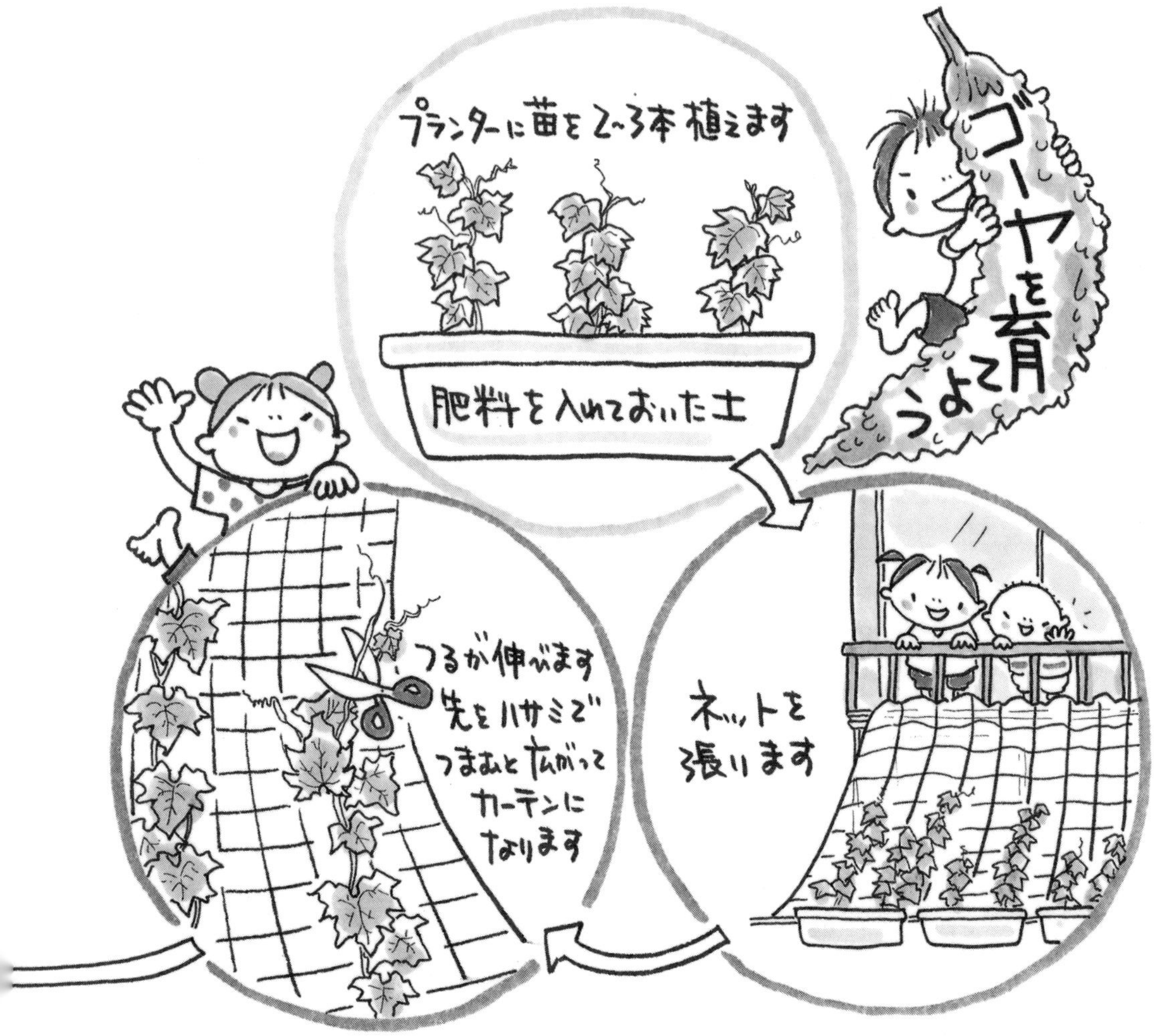

＜ゴーヤを例にして＞

①プランターで植え付けます。プランターの良さは場所をとらず、移動が簡単で日陰をつくりたいところに設置できることです。

②肥料ははじめに入れておきます。一年草なので、化学肥料のＮＰＫが比較的高いものを入れます。

③苗を購入してプランターに２〜３本植え付けます。

④つるが伸び出す前に、ネットを張ります。２階からつり下げるか、ひさしからつり下げる。しっかり固定することが大事です。

⑤どんどんつるが軒下まで伸びますが、ネットを越えたら芯を止めましょう。先をハサミでつまむと脇芽が伸びてカーテンになります。先を止めることで脇芽が充実し実の付きがよくなります。

⑥追い肥を播きます。化成肥料なので土の上に播きます。

〈受粉〉
雄花の花びらを取って
雌花に花粉をつける
朝夕たっぷり水やり
(お昼は×)
できあがりー!!

⑦水やりは毎日、朝夕プランターにたっぷりかけます。

⑧間違っても、昼日中には水やりをしないようにしましょう。プランターの温度が上がっているのでお湯になります。

⑨雄花、雌花が咲いたら受粉します。数日で実が付きはじめます。収穫は大きくなって堅いうちにとります。

⑩ただ、ゴーヤの収穫が遅れると、種がフルーティーになるので、それも楽しんでください。

⑪花には媒介者として、ハチや昆虫が集まります。その昆虫をねらってクモがくることもあります。じっくり観察しましょう。

⑫葉が枯れ出したら、収穫は終わりです。ネットからはずして堆肥置き場においておくと良い土ができます。けっしてゴミではありませんよ。

8　花壇づくりの工夫

花壇などに植える草花には、種を飛ばすもの、球根で増えるもの、たれ下がるもの、株で大きくなるものなどさまざまあります。その特徴を知って植えるとより楽しくなります。

種を飛ばすものは、少し間を広めに開けておくとそのスペースに種が飛びます。

球根で植えるものは少しずつ大きくなります。また、スイセンは春に芽を出し花を咲かせますし、ヒガンバナは秋に花を咲かせて冬の間葉っぱを茂らせます。それぞれ休眠する時期があるので、バランスを考えて植えると、一年中その場所に花や葉っぱがあることになります。つまり、ヒガンバナ、スイセン、ユリ、カンナなどを混ぜて植えると楽しいわけです。

株で増えるものの中で一番有名なのが、秋の七草のススキです。これはじょじょに株が大きくなるのでまわりを丸くスペースをとります。たれ下がるものとしては、たとえば、松葉ボタン、芝桜、ヘデラなどがあります。

高さがある花壇だと前に植えるとたれてきれいですし、地がひろがるので間隔をあけてもいずれつまります。いずれにしろ、大きくなる状態を予想して植える場所を工夫すると楽しいです。また、観察しやすいように背が高くなるものは、花壇が壁沿いにあれば奥に、まわりが通路になっていれば中程にできるだけ植えましょう。

たれ下がるものを鉢の手前に植える

いつも花や葉っぱが切れないように
1年の花壇スケジュールを！
「こっちだよ！」
プランターを移動して
子どもの誘導路に。
いちご
パンジー
ひなぎく
名札をつけて
親しみやすく
秋
ヒガンバナ

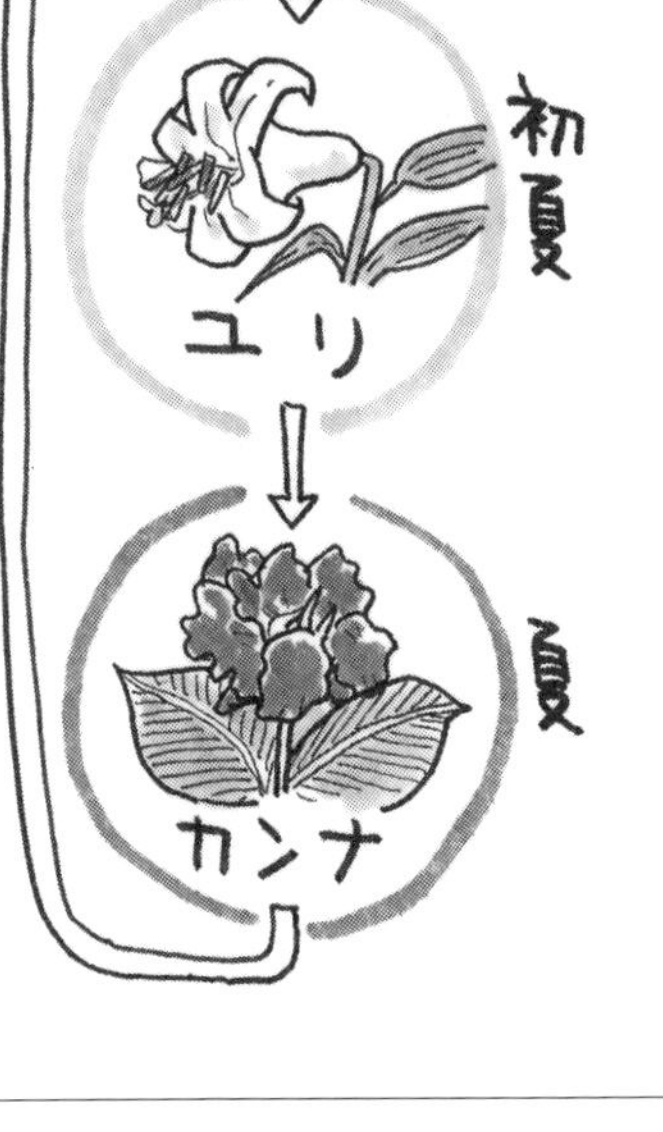

早春
スイセン
初夏
ユリ
夏
カンナ

＜プランター花壇の場合＞

①土は腐葉土が混ざった土がいい。

②宿根のものを植えておくと毎年同じものが出てくる。

③プランターは移動ができるので、子どもの園庭の誘導路にしたりできます。

④名札をつけると親しみやすい。

⑤プランターは水が持たないのでできるだけこまめに水やりをすることが大事です。

⑥野菜も育てられる。ただし瓜科は蔓を伸ばすので移動ができなくなりますよ。

9 畑づくり・野菜づくりの豆知識

保育園だと畑は主に幼児クラスが担当します。三歳から五歳の子どもがその年齢に合った関わりができることが大切だと思います。

三歳でしたら、その場でも食べられるキュウリ、トマトなど、四歳でしたらナスやカボチャなど少し加工して食べるもの、年長でしたら、やはりみんなで調理したり、冬野菜・夏野菜と露地物で季節を感じるものがいいと思います。

収穫が本来の目的ではないと考えていますが、まったくないというのも困ります。夏野菜は、短い時間で大きくなるので肥料が必要です。元肥と混ぜて使える有機のものをすすめます。有機の肥料を使うと野菜の表面が柔らかくなります。化成肥料の中でもゆっくり効くものがあります。三〇日、六〇日、九〇日という間隔で効いてきますから、追い肥は必要ありません。俗に言う一発肥料です。しかし、この肥料は注意が必要です。肥料の表面をコートしているので中の肥料が溶け出しても外のコートの透明の丸い形のものが畑に残ります。野鳥がやってきて何かの卵と間違えて食べると、環境的な問題があります。気をつけて使ってください。

追い肥は、はじめの収穫をして、一週間ぐらいあけて苗と苗の間に少し多めに入れてください。夏野菜はとても肥料食いなのです。

冬野菜は、元肥を有機のものにしてじっくり大きく育てることができます。冬野菜は時期を間違えると大きくならないので、年間計画には必ず予定を入れておきましょう。

コンパニオンプランツという言葉は有機野菜・無農薬野菜などでご存じの方もおられると思います。ある種の野菜同士を植え合わせて病害虫から守る役目をつくらせるという考え方です。たとえば、スイカとマリーゴールドを一緒に植えるとマリーゴールドが土中の線虫を退治してスイカを守る、タマネギとニンジンを一緒に植えると、タマネギはニンジンの病気を抑える一方、ニンジンのおかげでタマネギバエがタマネギに近寄らない、などです。他に、キュウリとトマト、トウモロコシとソラマメ、逆に、キュウリとスイカなど同じ瓜科のものは植えないようにするとか、それぞれ面白い作用があります。

園庭が狭く、畑のスペースがなければ、プランターでもかまいません。どんごろす（麻袋）でも根菜類はできます。できれば種、苗を買いに行くところからはじめて、子どもといっしょに植えたいものです。そして毎日見に行き、その変化を見る、そのような身近なところに畑はほしいですね。

コラム　畑づくりと給食室

私の保育園は、異年齢保育をしています。部屋では三歳児から同じクラスで遊びをしています。

当然、畑づくりも三歳児からいっしょに関わってきています。給食のお米は年長さんが部屋で毎日お米をといでくれています。そのとぎ汁を畑にあげています。給食室も畑を一畝つくっています。給食室は毎日見に行けないので、遊んでいる子どもが、できたものを給食室にもっていきます。給食の先生は、それを炒めて、そのクラスの子どもたちのおかずとしてご飯の上に少しですが載せてくれます。それがうれしくて、また、畑でできたら給食室にもっていきます。

畑では、スイカやメロンなどもとれ、トマトやキュウリなどの夏野菜はすぐに給食室が調理してくれます。食育ということが言われますが、保育園では旬なものを自分の畑でつくり、食べる、それができるところです。

給食室の先生には、給食の配膳から子どもの食べる様子などを見てもらうために、食事の時間はできるだけ各部屋に来てもらって、子どもたちと関わることができるようにしています。子どもたちにとって、給食の先生も保育士同様身近な存在であってほしいと思っています。

ある時ミニトマトができて、その一つのトマトを子どもがクラスの子ども全員に食べてほしくて、給食室に「じゅっこに　きって」ともっていきました。

給食の先生はそのミニトマトを子どもの前で考えて切ってくれました。子どもはそのミニトマトをお皿にのせて、「みんなー　ミニトマト　きれたよー」ともっていきました。給食の先生の関わりで、子どもの思いが受け止められた瞬間です。

（きたの保育園）

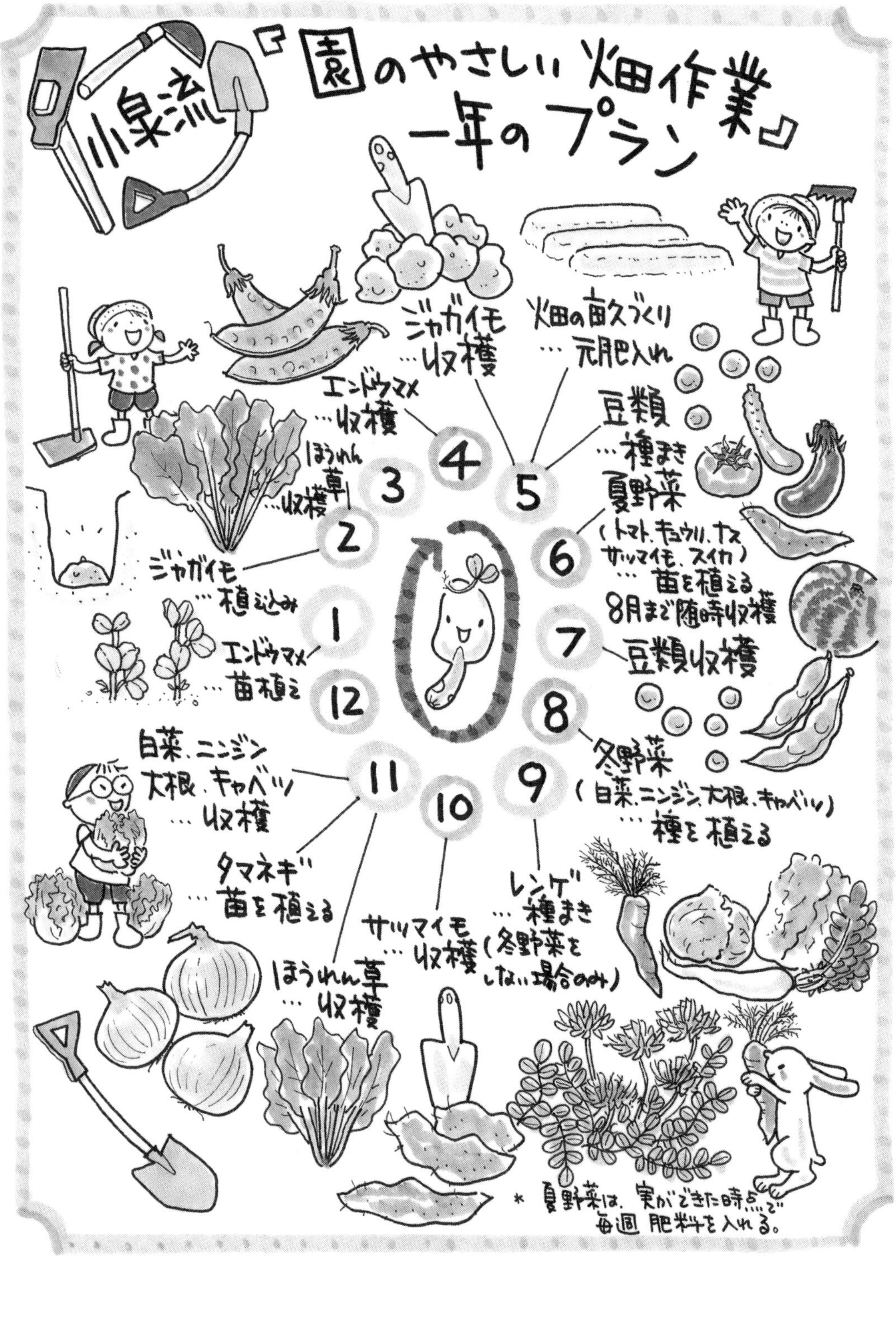
小泉流『園のやさしい畑作業 一年のプラン』
1
2
3
4
5
6
7
8
9
10
11
12
エンドウマメ …苗植え
ジャガイモ …植え込み
ほうれん草 …収穫
エンドウマメ …収穫
ジャガイモ …収穫
畑の畝づくり …元肥入れ
豆類 …種まき
夏野菜 (トマト、キュウリ、ナス サツマイモ、スイカ) …苗を植える 8月まで随時収穫
豆類収穫
冬野菜 (白菜、ニンジン、大根、キャベツ) …種を植える
レンゲ …種まき
サツマイモ …収穫(冬野菜をしない場合のみ)
ほうれん草 …収穫
タマネギ …苗を植える
白菜、ニンジン 大根、キャベツ …収穫
* 夏野菜は、実ができた時点で 毎週 肥料を入れる。

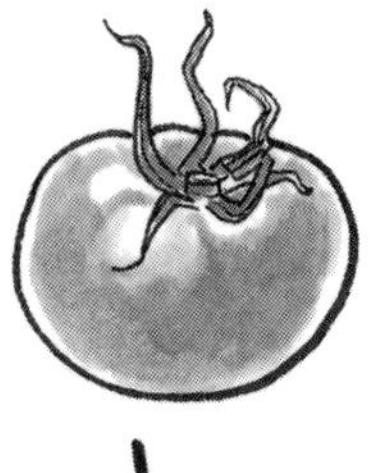

トマトの作り方

まず土作り！
TOMATO
元肥として
鶏糞
発酵鶏糞
真砂土
黒土
＋
腐葉土など
畝を作ります
根菜類は高畝
トマトも高めに。

①トマト

①土づくりから始めます。「真砂土」（関西）では花崗岩の風化した土）や「黒土」（関東地方では火山灰を母材とした表層土で、黒ぼく土とも呼ばれる）を基本において、腐葉土などの有機物を入れてよく混ぜ合わせます。

②元肥として、鶏糞・発酵鶏糞なども混ぜておくとよい。しかし、においがするのでご近所に迷惑にならないように注意してください。

③畝（うね）をつくります。根菜類は〈高畝〉にしますが、夏野菜の王様トマトも甘い実を付けたいのなら少し高めにして、水がたまらないようにしてもいいかもしれません。しかし、枯れることもあるので注意が必要です。

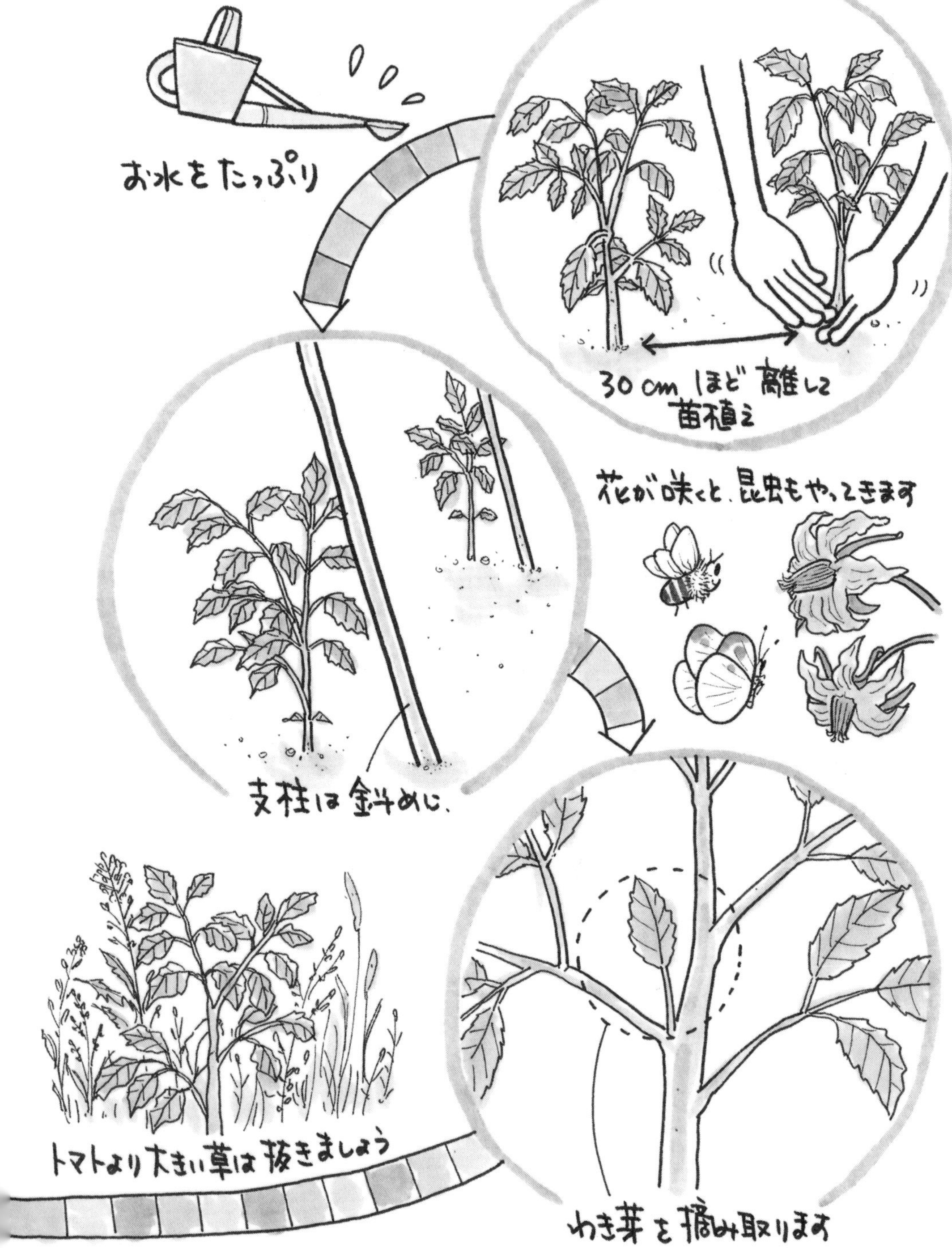
お水をたっぷり
30cmほど離して
苗植え
花が咲くと、昆虫もやってきます
支柱は斜めに。
トマトより大きい草は抜きましょう
わき芽を摘み取ります

もうすぐもうすぐ
いよいよ収穫!
その場でガブリ!!
実が大きくなったら
水やりを制限.
有機肥料はゆっくり
化学肥料はすばやく効きます
窒素 燐酸 カリウム
5/8 : 5/8 : 5/8
対 対

②プランターで育てるエダマメ

マメ科の植物は比較的荒れたところでも育ちます。エダマメは、畑では畦地につくることができるぐらいです。肥料もあまり必要とはしません。乾燥には弱いので初めの土はできるだけ保水性のいいものを選んでください。堆肥などを入れることでまかなえると思います。種から植え付けて間引きしながら大きくしましょう。もちろん間引き菜は料理にして食べましょう。苗が大きくなれば幹が倒れることがあるので、土を寄せて倒れないようにします。水は必ず必要ですから、毎日あげて日当たりのよいところで育てましょう。

エダマメは大きくなれば大豆になります。収穫を遅くして大豆にしても面白いかもしれません。

①根に付く根粒菌は、マメがつくった水や養分を溜めて空気中の窒素を固定します。土地がやせていればやせているほど根粒菌が増えて固定する窒素の量も増え、その結果土地は肥えてきます（その後の畑づくりを助ける）。

②エダマメの種は発芽しにくいので、一晩水に浸してから植えると発芽しやすくなります。

③株間10センチのところに穴を開けておく。一箇所に3～4粒の種を蒔き、土をかぶせて踏みつけます。

④ポットで発芽させるときは、本葉が2枚出たところでプランターに定植します。

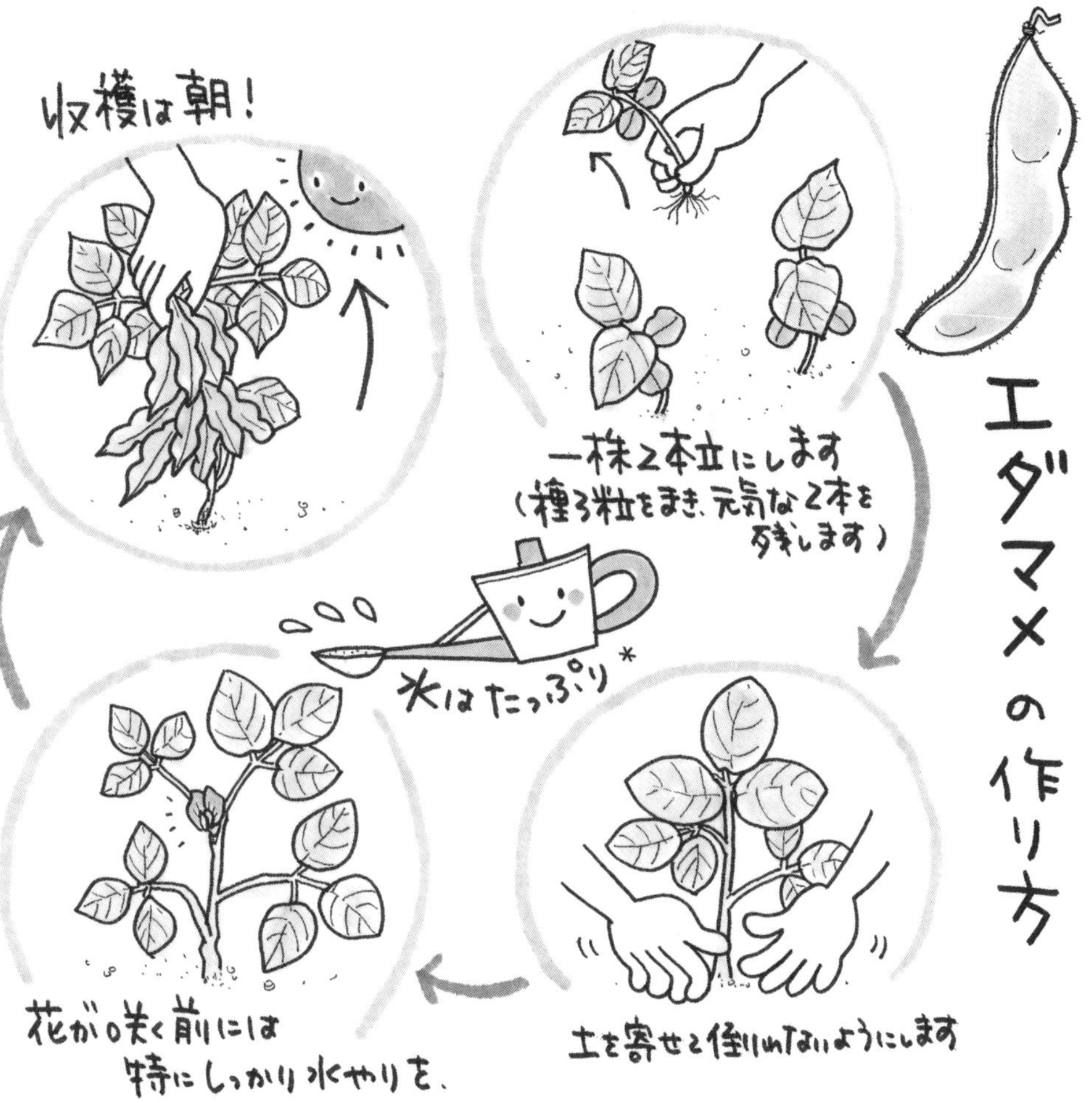
エダマメの作り方
一株2本立にします（種3粒をまき、元気な2本を残します）
土を寄せて倒れないようにします
花が咲く前には特にしっかり水やりを。
水はたっぷり＊
収穫は朝！

⑤発芽後、本葉が2枚になったら、一株2本立ちにする。支柱は立てません。

⑥たけが20〜30センチほどになったら、土寄せして倒伏防止をします。

⑦エダマメは干ばつに弱いので、特にプランターの場合は水やりに注意します（田んぼの畦に植わっているのが見られますが、その理由は畦が湿気の多い土だからです）。

⑧花前に乾燥すると、花が落ち実が入りません。乾燥気味なら、水をたっぷりあげます。

⑨収穫は、朝が一番いいです。夜のうちに栄養が実に移ります。未熟な状態のマメがエダマメで、完熟すると大豆になります。

⑩病害虫はあまり付きませんが、見つけたらつかまえて観察してみましょう。

③ジャガイモ

本名をジャガタライモと言います。年二回収穫ができ、春蒔き、秋蒔きがあります。どちらも種芋を育てます。肥料は元肥として、植え付ける前の土に入れておく必要があります。肥料成分は、N14・K14・P14ぐらいのものを入れておきます。化成肥料の中で、120日肥料というのがありますが、これは始めに入れておくと120日間利く肥料で、おもに根類に利きます（N＝窒素　K＝カリウム　P＝燐）。

ジャガイモは、秋物は九月ごろから植付けをはじめますが、春物は二月頃から植え付けて、進級年度をまたぐので、一つ大きくなったパーティーや年長さんが植えて次の年の年長さんが食べる。その年の秋に、また年長が植えるというように畑の引継ぎとして使うこともできます。タマネギ（九月頃に苗を植える）なども年度をまたぐので、いっしょに植えて、収穫時にカレーパーティーなどをしてはいかがでしょう。

①ジャガイモは種でなく、種芋から育てるのがよく、種芋として販売されているものは病原菌は少ないので園用に適しています。

②季節によって、種芋の芽がすでに出ている場合は、そのまますぐ植えても問題ありません。芽が出ていない種芋が手元にある場合も、そのまま植えてもだいじょうぶです。

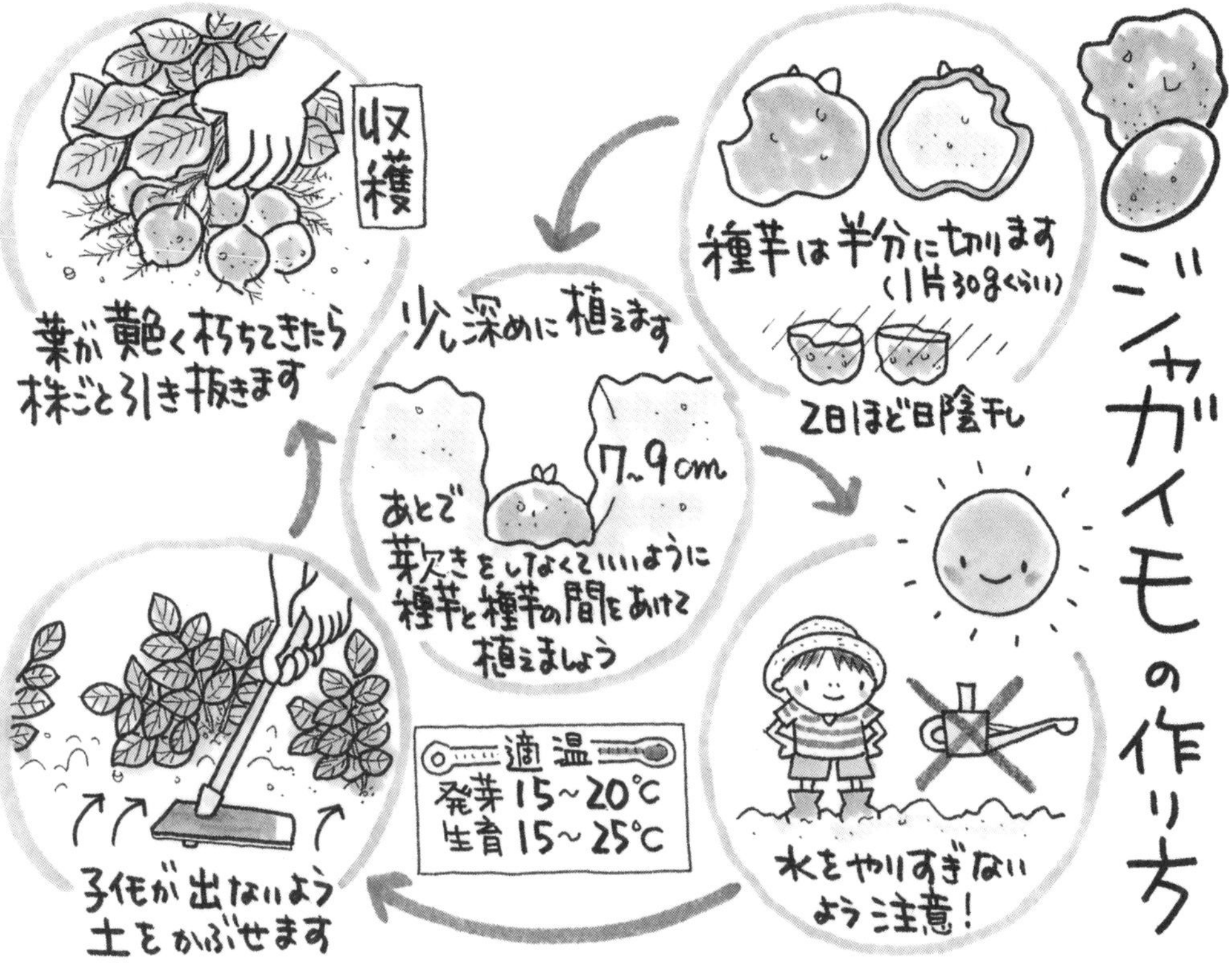
ジャガイモの作り方
種芋は半分に切ります
（1片30gくらい）
2日ほど日陰干し
水をやりすぎないよう注意！
少し深めに植えます
7～9cm
あとで芽欠きをしなくていいように種芋と種芋の間をあけて植えましょう
適温
発芽15～20℃
生育15～25℃
子イモが出ないよう土をかぶせます
収穫
葉が黄色く朽ちてきたら株ごと引き抜きます

③種芋は切って埋めたほうが、発芽しやすくなります。だいたい半分に切り、芽が出る方を上にして植えます（種芋の等分の目安は一片30グラムです）。

④切った種芋は、切り口を乾燥させるため2日ほど清浄な日陰干しをしたほうがいいです。

⑤やや深めに植えたほうがしっかり芽がでます（およそ7～9センチくらい）。

⑥水はけがよい土が適しています。芽が出るまでにあまり水をやりすぎると種芋が根腐れしてしまいますので注意してください。

⑦あらかじめ間を開けて植えているので、芽欠きする必要はありません。詰めすぎたときは芽欠きますが、収穫は大きさよりも量を楽しみたいので園ではしなくてもよいでしょう。

⑧葉っぱが茂りだしたら実もできてくるころなので、子イモが土から出ないように土をかぶせあげます。

⑨葉が黄色く朽ちてきたころ、株ごと引き抜いて収穫します。

⑩ジャガイモの発芽の適温は15℃から20℃です。生育には15℃から25℃が適温です。35℃以上になると成長が止まってしまいます。

④ダイコンづくり

ダイコンは冬野菜ですから夏すぎに種をまきます。畑の畝は高めにしておくといいでしょう。種から植えるものは必ず間引きをしなくてはなりません。間引きしながら、数を減らして実を大きく育てます。間引きするときは成長の弱いものや葉がかたよって育っているものは取り除きます。二回目の間引きで間隔を整えておくと肥料も均等に行き渡ります。

肥料は、根菜用の１２０日肥料を入れるといいでしょう。アブラナ科の花なので害虫（人から見ての場合ですが）もやってきます。ヨトウムシやアオムシもきます。モンシロチョウの幼虫は、飼育ケースに入れて観察するのも楽しい出会いです。

①発芽の適温は15℃から35℃で、生育には少し低い15℃から20℃が適温です。ちょうど夏の終わりころ種をまくといいようです。

②土づくりは、小石を取り除き、高い畝にしましょう。

③種から植えます。株の間は25～30センチ。一箇所に４～５粒の点蒔きをし、細かい土で厚さ1センチほど覆います。土は軽く振るいましょう。あまり多くかけると発芽しないこともあります。

④発芽したら、間引きます。間引きは3回ほどしますので、その間に間隔を調整します。

⑤本葉が4、5枚程度になれば、一箇所に1本したて、土寄せといって少し盛ります。

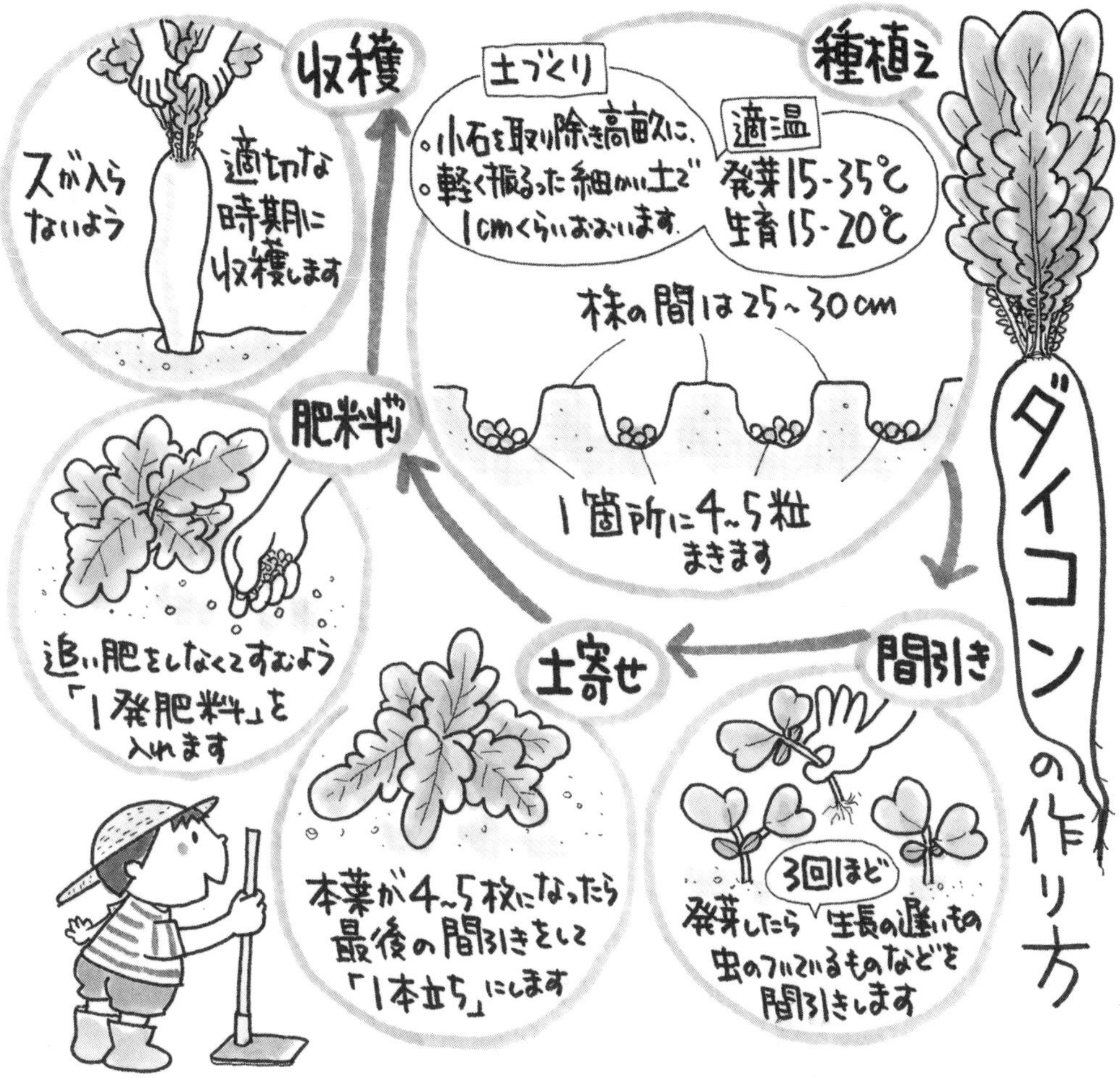
ダイコンの作り方
種植え
土づくり
。小石を取り除き高畝に、
。軽く振るった細かい土で
1cmくらいおおいます。
適温
発芽15-35℃
生育15-20℃
株の間は25~30cm
1箇所に4~5粒
まきます
間引き
3回ほど
発芽したら 生長の遅いもの
虫のついているものなどを
間引きします
土寄せ
本葉が4~5枚になったら
最後の間引きをして
「1本立ち」にします
肥料
追い肥をしなくてすむよう
「1発肥料」を
入れます
収穫
スが入らないよう
適切な時期に
収穫します

⑥間引きするときは、成長の遅いもの、葉に虫がついているものなどを取り除きます。

⑦肥料は、「一発肥料」がありますので、それを利用すると追い肥は必要ありません。保育園は秋以降忙しくなるので、できればこの化成肥料がおすすめです。

⑧収穫時期が遅れるとスが入ることがあるので、時期を間違えないようにしましょう。

⑨秋とれのダイコンには花が咲きませんが、春とれのものは花が咲くので咲くまでには収穫しないと実が小さくなります。

⑩冬野菜は、夏に比べて雑草の勢いがないので育てやすい作物です。

⑪収穫後は、保存もできるし、すべて食べられます。

⑤意外とかんたんシイタケづくり

シイタケは菌で増えます。つくり方は意外とかんたんですが、菌なので時期を間違えるとできません。二月ごろにホダギを用意します。ホダギとはシイタケ菌を植え付ける木のことで、クヌギ・コナラ・アベマキ・クリ・ミズナラ・シイ・カシなどの木を使います。１ｍぐらいの大きさに切り二週間から三週間ぐらいは寝かせましょう。そのときにあまり乾燥しないようにシートをかけるといいです。乾燥しすぎると出ない場合があります。ドリルで穴を開けますが、８ミリのものが菌のサイズにあっているようです。穴あけは大人がしたほうがいいでしょう。ホダギの直径の三倍以上の穴をあけます（直径10センチの場合は30個以上）。園は生産農家ではないので楽しく打てばいいかと思います。菌を打てば後は仮伏せ、菌が充分に回るように寝かしておきます。

それがすめば七月ごろに本伏せです。日が射さず、風がとおり、雨があたる、園舎の中の隙間でじめじめしたところを探して、隙間を空けて立てて置いてください（期間は一年半ほど）。春に打てば、次の年の秋にはシイタケができます。菌ですから乾燥には弱く、コンクリートのような照り返しがあるところでは高温になるので注意が必要です。菌打ちの時期は、遅くとも3月中に打つほうがいいでしょう。三年～五年ほどでホダギはぼろぼろになります。そのホダギは畑に入れたり、まとめておいてカブトムシの産卵場所にしたりします。

ホダギにいっぱいシイタケができました

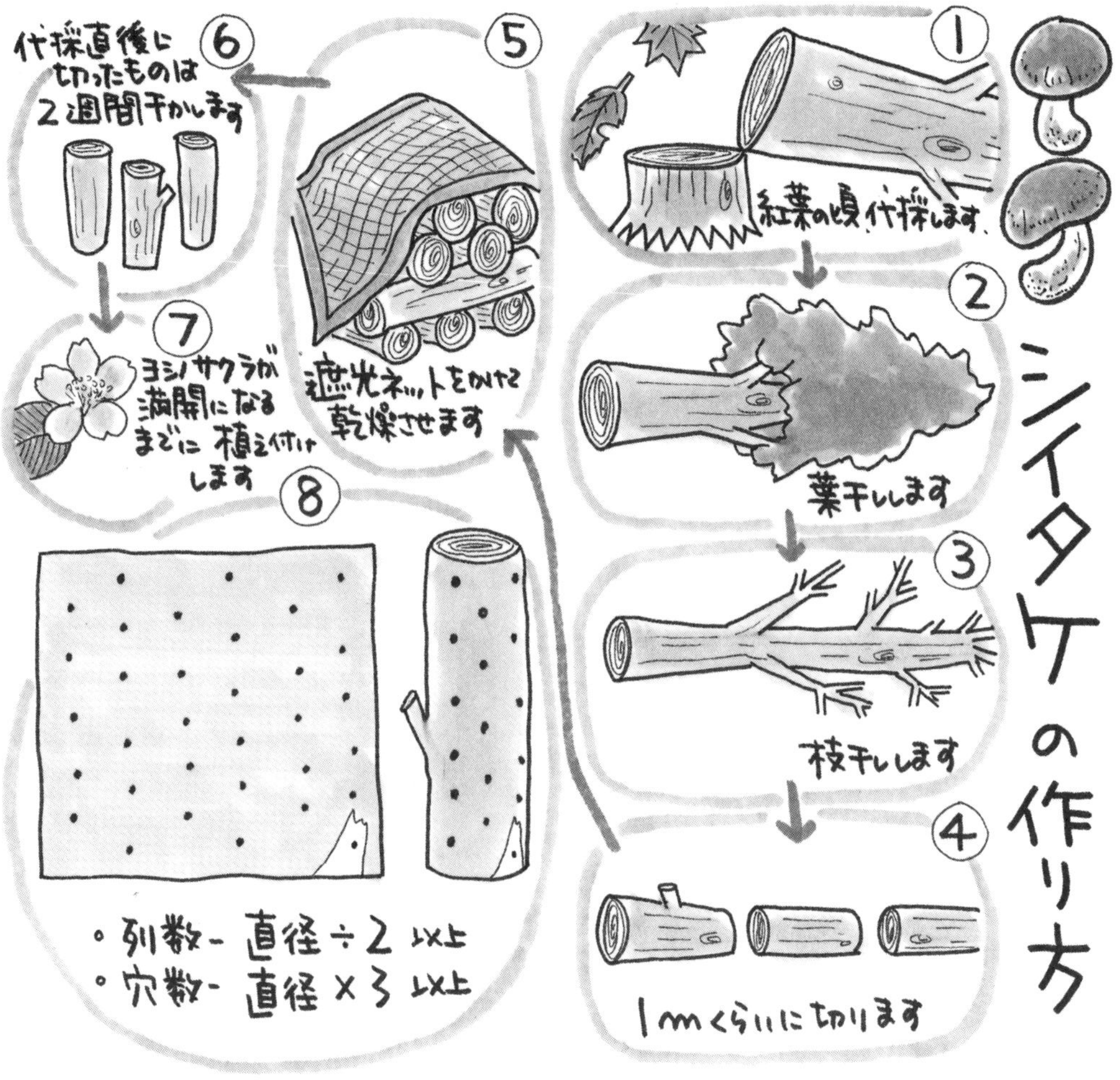

シイタケの作り方
① 紅葉の頃伐採します。
② 葉干しします
③ 枝干しします
④ 1mくらいに切ります
⑤ 遮光ネットをかけて乾燥させます
⑥ 伐採直後に切ったものは2週間干かします
⑦ ヨシノサクラが満開になるまでに植え付けします
⑧
・列数ー直径÷2以上
・穴数ー直径×3以上

①紅葉がはじまって2～3週間たって、樹木の成長が止まったときからが、伐採時期になります。

②伐採後は20日から30日ほど葉を付けたまま干しておくといい。これを葉干しという。

③落葉後の伐採は枝干しをする。だいたい40～50日ぐらいします。

④切り口にひびが入りかけたら乾燥してきた証拠です。1メートルぐらいに切ります。

⑤切ったものは乾燥させる。乾燥が進みにくくするために遮光ネットをかけるといい。

⑥伐採と同じ時期に1メートルぐらいに切ったものは2週間程度干すといい。

⑦いよいよ菌打ち。ヨシノサクラが満開になるまでに植え付けるのがいい。

生き物を尺度にすることが大事です。カレンダー月で考えると温度に差が出ることがあるので注意。

⑧菌の打つ数は、列は直径の÷2以上。穴は直径の×3以上（直径10センチのホダギの場合。5列以上、穴は全部で30個以上あける）。

⑨菌打ちしたものはそのまま伏せないでしっかり活着させるために薪伏せする。

⑩梅雨明け前に本伏せする。直射日光の当たらないところ、風通しのいいところ、雨水があたるところ、排水の良いところ、東、南向きがいい。

⑪キノコの発生は二回夏を越した秋から出始める。

⑫原木で菌打ちができるものは、サクラ、カシワ、ハンノキ、クルミ、カエデ、クリ、カシ、シイ、シデ、クヌギ、ナラです。一番いいのはやはりクヌギ、ナラです。

⑬ホダギは5年ほどで朽ちてきます。堆肥置き場などにためておくと、虫たちが産卵にきてくれます。

10 田んぼづくり

田んぼは人がつくり出す、生きものの宝庫です。同じ場所で、乾田、水田、草場という変化に富んだ環境を人の手でつくり出すことができます。それでいて、お米がとれるという、生きものと食べ物が一度に味わえる環境です。

田んぼの土はできれば、表土でもお話しましたように、近くのお百姓さんから少し分けてもらえればいいと思います。あまつち（田んぼの土）にはたくさんのプランクトンが眠っています。その土に水を入れると、卵は土より軽いので撹拌することで土の上に出てきます。暖かくなって水温が上昇すると、かえります。水生プランクトンの他に、カブトエビやホウネンエビなどの卵も出てきます。秋に産んだアカネの卵も出てくることもあります。稲を植えてしばらくすると、近くで眠っていたカエルがやってきて卵を産んでくれます。また稲を食べにバッタが来たり、そのバッタを食べにカマキリや鳥もやって来ます。収穫よりも、身近に生きものとふれあう絶好のチャンスです。蚊が気になるようだと、メダカを放流すればボウフラ退治になります。メダカも水温が上がればどんどん卵を産んでくれます。そして、ボウフラを食べてくれます。水を抜く前に、メダカを救出して、稲刈りを始めた頃には、水生昆虫はいなくなります。バッタも移動します。そして、卵だけが土の中に残り、翌春、人が水を入れて撹拌するのを待ちます。人が関わらないとこれらの生きものはいなくなります。人がいて、初めて身近な生きものが住んでいられる環境づくりができるのです。

園庭につくった田んぼ　瀬川保育園

バケツ稲作
まず
水はふちまでたっぷり!
バケツに畑の土を入れます。
田植え …6月上旬
苗は1か所に2~3本ずつまとめて、2~3cmの深さに植えます。
成育
苗は約1週間で根をはり、20日後、新しい茎が生まれ出し、増えていきます。
肥料を入れます。
草が生えたら手で抜きます。
バケツの水は最後までたっぷりと!
出穂 …8月
稲穂の出はじめ
小さいかわいい稲の花が午前中に咲きます。
かかしや糸や赤銀テープなどで脅してスズメの害を防ぐ。
稲刈り
穂が出てから30~40日後、10月中旬
地上5cmのところをカマで刈り取る。
稲刈りの3日前からバケツの水を抜いておきます

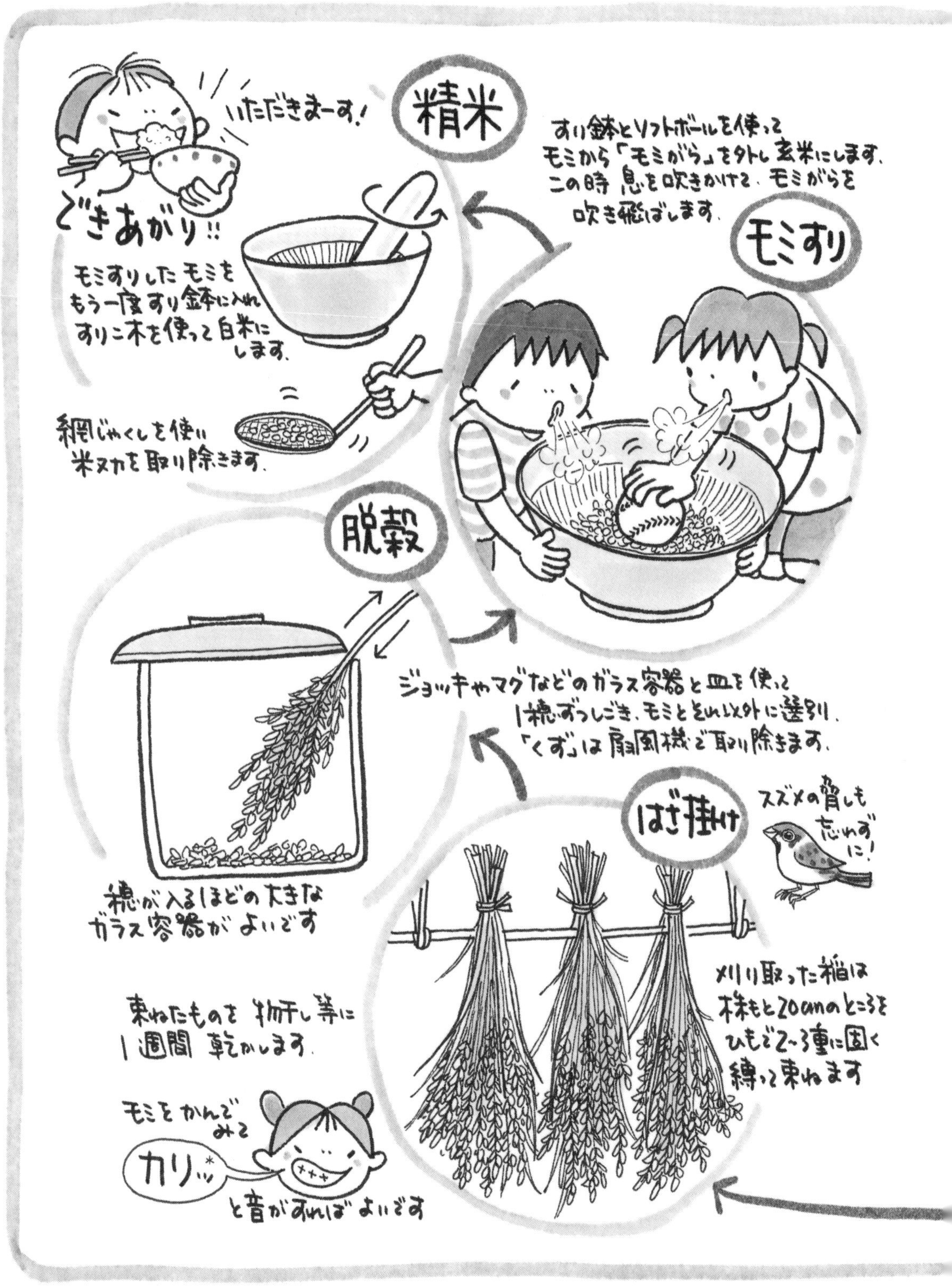
精米
いただきまーす！
できあがり!!
モミすりしたモミを
もう一度すり鉢に入れ
すりこ木を使って白米にします。
網じゃくしを使い
米ヌカを取り除きます。
すり鉢とソフトボールを使って
モミから「モミがら」を外し玄米にします。
この時息を吹きかけて、モミがらを
吹き飛ばします。
モミすり
脱穀
ジョッキやマグなどのガラス容器と皿を使って
1穂ずつしごき、モミとそれ以外に選別。
「くず」は扇風機で取り除きます。
穂が入るほどの大きな
ガラス容器がよいです
はさ掛け
スズメの脅しも忘れずに！
刈り取った稲は
株もと20cmのところを
ひもで2～3重に固く
縛って束ねます
束ねたものを物干し等に
1週間乾かします。
モミをかんでみて
カリッ
と音がすればよいです

11　自然界での遊びを再現する仕掛け（16頁参照）

仙田満氏は『こどものあそび環境』（鹿島出版会、二〇〇九年）のなかで一九八〇年～八一年に行った調査（二〇歳以上対象）を紹介していますが、そのなかで自然スペースでの遊びの原風景について次のように分類して結果を載せています。

生物遊び〈生物捕獲（魚類）生物捕獲（鳥・虫類）生物捕獲（食べる）〉　四三％

鑑賞・創作・集団遊び〈物取り・風景を見る・人遊び〉　一六％

身体的動作遊び〈木登り　力くらべ　坂、土手　ガケの利用　泳ぐ　すべる〉四一％

本書でここまで書いてきたことは、主に「生物遊び」（草花、樹木、虫や小動物など）の部分が大半を占めています。生きものと遊ぶことはとても大事な部分だと考えているからです。今日、生きものと遊ぶことを奪われた子どもは、身近にいる小さな生きものとふれることを知らずに育ち、そのまま大人になる人が増えてきています。私には、今子どもたちの心は生きものとふれることを探して悶々としていると感じられます。

一方、それと同様に子どもの好奇心や冒険心を満たせる空間（仙田氏の分類では「身体的動作遊び」）も、これからますます必要になると感じています。遊具で補うのではなく、それが自然物でできていて、より本物の自然環境に近い形で再現できるのならそれはすばらしいことではないかと考えています。各保育園・幼稚園に一ヵ所はそのような空間が必要だと感じています。

かつて子どもたちが自然スペースの中で経験していた「身体的動作遊び」に相当することを願って私たちが考案し、阿武山たつの子保育園で設営したのがここで紹介する「仕掛け」です（16頁、97頁、99頁の写真）。

子どもは道路の縁石や少し段などがあればそれを登ろうとします。坂があればわざわざそちらを歩こうとします。ところが大人は、子どもの力を予測して、できないと判断すると危険察知能力というものを使い、危険を未然に予知して止めてしまいます。当然けがをすることが一番恐いと考えているからです。

そうしたことが続くと、子どもは「やってみて、できた・できなかった」という満足ではなく、「やらなくて、できなかった」という不満足の中ですごすことになります。それで本当に子どもの力が伸びるのでしょうか。子どもが自分で判断する力はいつつければいいのでしょうか。

私たちが考える仕掛けには少し危険な空間がありま す。写真の石垣は高いところでは一・六メートルもあります。施工前に何度も保育園と議論を重ねてきましたが、「危険」という文字が保育士さんの頭から離れません。当然のことです。こんな石垣どこの保育園にもありませんから。施工前に充分に話しあったうえで改造にとりかかったのですが、施工中に「大丈夫か？」という声が園から聞こえてきます。保育園としては、子どもにわざわざけがをさせる空間など当然つくりたくない、でも、子どもの力を信じて伸ばすこともしなくてはならない……この保育園はずいぶん悩まれたと思います。

写真とは違う保育園ですが、乳児の園庭に丸太階段をつくりました。その段差が危ないのではないかと、施工中に保育士さんたちが見に来られました。けっきょく、高さを変えずに芝を張るなどの落下防止を施しました。完成後、保育士さんは、見学者に対して「この段差が子どもたち大好きなんです」と話してくれていました。危ないという思いは必ずあります。そこを乗りこえてくれた保育園、子どもの力を信じてくれた先生に改めて感謝します。

いままでの遊具はどの子も遊べるようにつくられています。三歳なら三歳なりに、そして四歳、五歳の子どもも満足できるようにできています。しかし私たちのつくった石垣や丸太やぐらはそうはできていません。年長の子、それも力のある子どもだけが登れるという空間なのです。年少の子どもたちは登れた年長児にあこがれを持ちます。この石垣は反対側が坂になっているため、歩いてガケの頂上には登ることができます。しかし石垣から登るには「かしこい身体」が必要になるのです。やっとの思いで登ったことは、大きな自信になります。そして登れた子どもは登れない子どもの指導役になります。子どもが伝えることは、子ども自身が自分の経験を伝えるということで、登るコツなどを理解していないとできないのです。自分の経験を他の人に自分の言葉で伝えることで、初めて人は理解することができます。大人が大人の言葉で伝えていては何も生まれません。伝えるときにうまく伝えられない、このことが子どもの中で一番大事なことだと考えています。

石垣の築山にはトンネルがあり、その真ん中まで行くと、トンネルは築山の頂上に登るように上向きになります。子どもたちはそのトンネルを登って頂上を目指します。また、よじ登る空間は石垣以外にも工夫されてあります。いろんなことを試しながら築山の頂上を子どもたちは目指します。子どもの姿を見ていると、できたことを先生に伝えたくて仕方がないようです。少し登れると「せんせい、見たー？　のぼれたー！」という歓声が聞こえます。年少の子どもたちはあこがれの気持ちで見ているだけではなく、築山の低い石垣で自分の力を信じて試していました。いつかはお兄ちゃんみたいにという思いが伝わってきます。

丸太のやぐらはダイナミックなものです。節付きのヒノキの丸太を5本組んであります。このやぐらは大人でも登るのはなかなか困難です。そこを子どもたちはどんどん挑戦していきます。こぶつき丸太の節は不自然に出ています。決して登りやすく出ているものではありません。このやぐらも誰もが登れるものではありません。もしかしたら年長さんでも登れない子が出てくることもあると思います。私たちは全員が達成感をもってもらえるものもつくりますが、できなかったという思いも大事にしたいのです。できたことよりできなかったことが子どもの心を育てると考えているからです。

＊参考文献　仙田満著『こどものあそび環境』鹿島出版

山にある木をそのまま使ってつくったジャングルジム
（京都市花背山村都市交流の森に設置）

第Ⅲ部

保育園児と“センス・オブ・ワンダー“

〈対談〉

加用　文男（かよう　ふみお）
1951年高知県生まれ
京都教育大学教育学部幼児教育学科教授（発達心理学）保育現場をこよなく愛するユニークな研究者。「子どもと遊び」を主テーマに研究。著書に『子ども心と秋の空』他多数。『光る泥だんご』はマスコミでも話題になる。

小泉　昭男（こいずみ　あきお）
1959年大阪府生まれ
保育者歴13年を経て造園業に。1級ビオトープ管理士、環境再生医 上級　自然再生士補。園庭を運動場から子どもと生きものの共生の場へ改造することを提唱し、園庭観に革命をもたらす庭師と評判になっている。

保育士から庭師へ

加用　僕が小泉さんを最初に知ったのは保育者だったときで、その後、鳥に興味を持たれたようで、子どもたちに「鳥おじさん」なんて呼ばれるようになって、今は保育者を辞めて庭師になっている。そもそも、どんな経過だったの？

小泉　高校は機械工学科だったのですが、チャップリンの映画『モダンタイムス』なんかを観たのがひとつのきっかけで、機械の道はやめて人を育てる保育者を目指します。一九七〇年代の終わり頃で、男性も入れる保育士養成校は関西に一つしかなくて、そこに入るのですが、学年百人中男性は三人だけでした。そこで、保育士資格と幼稚園教諭免許をとりました。二十歳で保育園に就職するのですが、一年で辞めることになってしまい、次の保育園を探しているときに風の子保育園（京都）の園長に「アルバイトでよければ来ませんか」と呼んでいただいたんです。そこで職場結婚をして、僕は、たかつかさ保育園（京都）の藤井園長が誘ってくれたのでそちらに移ります。ですから、保育士五年目から三三歳で退職するまでたかつかさの保育士でした。

加用　じゃあ、最初から造園みたいなことをしようと思っていたわけではないんだ？

小泉　ええ。途中からバードウォッチングに興味を持ち始めて……。

加用　京都保問研のニュースに鳥を見た話ばっかり書いていたときがあったよね（笑い）。

小泉　その後ちょっと体をこわしてしまい、保育園を退職するわけですが、できたら自然に関わる仕事をしたいと思って、造園師になったわけです。

加用　藤井さん（園長）が園芸に入れ込んでいたのも影響しているわけ？

小泉　それはありました。でも、園長は植物で、鳥は僕がまかされていました（笑い）。どちらかというと「園芸」ですね。僕の場合はそれとは違って、あるとき保育日誌に「カラスノエンドウにアブラムシがつきました。それを食べにテントウムシがやってきます。その後は何が来るでしょう？」と書いて、続けて「テントウムシを見に子どもがやってきます」と書いたのを覚えています。テントウムシ見に子どもが寄ってきて、保育者がきて、そこで保育をつくっていけばいいんだと思うんですね。

加用　生まれはどこなの？

小泉　枚方（大阪）です。一九五九年生まれで、当時はまだ近所に畑も田んぼもあった頃です。だから、レンゲ摘みしたり、田んぼにヘビやカエルがいたり、自然の中で遊んだ体験はたくさんあります。

僕は自分の仕事のキャッチフレーズに「あなたの庭に鳥のさえずりを」と書いているのですが、「さえずり」というのは鳥がテリトリーを主張していることで、つまり、そこで生活しているということなんです。だから、あなたの庭をきれいに造園するだけでなくて、そこで生きものも一緒に暮らしているような場所にしませんか？　と呼びかけているわけです。庭という一番身近なところで生きものとの接点を持って生活してみませんか、ということです。

僕が造園の仕事をし始めた頃には、いわば、生態系をまとめたような庭づくりの考えはまだなくて、

自分なりにいろいろ考えるだけだったのですが、「ビオトープ管理士」というのがあるのを知って試験を受けてその資格をとったりしてきました。

保育園の造園も手がけることになってくるのですが、保育者をやっていた手前、普通の庭師とはちがって、生きものと子どもとの関係を知っていましたから、そうしたことを考えた庭づくりをしたいと思って、仕事をさせてもらいながら自分なりの「園庭観」を深めてきているところです。

学校と保育園・幼稚園の違い

加用　学校も手がけていると思うけど、園の場合と違いがある？

小泉　学校でビオトープなどをつくるときもあるのですが、保育園や幼稚園でつくるのとは質的にずいぶん違います。学校の場合は「教育」としてやりますでしょ。子どもとのかかわりにしても、たとえば、図面から池の面積を考えさせたり、池に生きものがきたら、それを観察させて、ど

ういう生きものか、種類や名前、生態などを調べさせることをするわけですね。あるいは絵を描いたり、実験したりなど「学習」するわけです。幼児の場合まずは、「自然への気づき」が一番大事だから、生きものが来たら、それをつかまえるのも自由です。たとえばミカンの木を植えたらそこにアゲハのイモムシがくる。それをつかまえて部屋で飼って、アゲハになったら逃がしてあげて「よかったね」となったりします。学校だと何回脱皮したとか、羽化した日時はとか、全部記録をとって発表したりということになりますよね。

僕は、小学校三年生くらいまでは、生きものとのかかわりということでは「触れて遊ぶ」ということをもっとやらなければ、その後の「学習」というのもついてこないのではないかと思っています。小学校に行くまでに地域の中で生きものや自然の不思議さをいっぱい感じてきたうえで「学習」があるのならいいでしょうが、そういう感じる、感動する経験なしで、「教育的なかかわり」だけが最初にあるというのは、子どもにとってはとても不幸なことだと思います。

今は、地域にそうした空間がなくなってきているので、保育園や幼稚園に自然と出会える空間をつくってあげることが大事だと考えているのです。

加用　仕事のやり方としては、学校と園ではどう違うの？

小泉　学校の場合、たとえばカシの木でしたら今、花が咲いていますよね。でも、「うっとうしいから」とか「見通しが悪くなって危険だから」とかで「木い、切ってくれ」と言われたら、木を切るだけです（笑い）。保育園の場合、「切って」と言われても、「今花が咲いているから秋まで待ちませんか？　ドングリが採れたらそれで遊んだりして面白いから」とか提案はさせてもらいます。

でも、保育者がそういうことを知らない人が多いんです。この間ある保育園で「これ、カシの木だと思うんですが、いっこうに実がならないのはどうしてですか？」と聞かれたので、「いつ頃切りましたか？」と聞くと、六月頃だと言う。その時期に花芽を切ってしまったら実がならない。キンモクセイなども同じ頃に切っているので花がいっぱい咲かない。切る時期が間違っていたわけですが、普通の植木屋さんはそんなこと言わない。子どものことなど考えないから、剪定を頼まれたらするだけですね。僕は季節の巡りと子どものことを考えたりして、いろいろ言わせてもらいます。そうするとわかってもらえますね。

加用　庭のつくりとしては違いはあるの？

小泉　学校の場合はグランド中心です。保育園の場合は「子どもの遊ぶ庭」だと思うのです。ですから、大きな木を真ん中に持ってきてツリーハウスをつくったり、シンボルツリーにしましょうとかの話をします。ただ、最近は園庭でサッカーをよくやっていて、「サッカーをやる空間がほしい」と言われます。そこで折り合いをつけて広い園庭の場合はその空間をつくるように工夫します。狭いところはそうしませんがね。僕が手がけた浦堂保育園の場合（巻頭で紹介）、庭のあちこちに木を植えて、築山もつくったりして園庭でサッカーは出来ないのですが、市のサッカー大会で優勝してます。率先して園庭改造を提唱した園長は「園庭でサッカーできなくても優勝できるんやで」なんて、言ってくれてますがね（笑い）。

一般の住宅で「日本庭園風にしてくれ」と頼まれれば、僕もそうしますが、このごろは人の考え方もちょっと変わってきたのか、「生きものが来るような庭にしてほしい」と言わはる人もいるので、僕の考えを話させてもらいます。普通の造園屋さんは植物のことは知っていても生きもののことは知りませんから、僕はちょっと異質な造園屋ですね。自然観察会にちょくちょく呼ばれることがあるので、虫のことや鳥のことを話させてもらいます。ただ造園の勉強はきちんとしてません（笑い）。造園学会にも入っていませんしね。それでいいんとちゃうかな、とも思っている。保育者も幼児心理とかばっかり勉強しているよりも、もっといらんことをいろいろ知っていたほうがいいのじゃないですか？

淡路の園芸学校の嶽山先生が報告していましたが、ドイツの保育者は子どもに関する勉強だけでなくて、生物学とか気象のことかを大学で学んできているらしいですね。日本でもそうしたことを専門に勉強しないまでも、ある程度は知っておく、それも本を読んで勉強するのではなくて、遊びの中で知っておくと、子どもに遊びとして伝えることができるじゃないですか。学校だったら勉強として教えることになるかもしれませんが、保育園の場合は子どもに知識を教えるのではなくて、遊びとして広げていくというのが、保育者のある意味技量ですよね。

加用　日本の保育士養成はピアノと心理学ばっかりで、偏っているからね（笑い）。

小泉　もっと保育者が遊んでほしい。子どもと遊びほうける、その中に保育者としてキラリと光るものがあるといい。

自然の脅威と感動

加用　今日の対談にあたって、僕は自分の子どもの頃のことを思い出していた。

　子どものときの僕の自然とのかかわりはけっこう恐いことが多い。生まれ育ったのが高知県の中村市ですから、大きな台風などにいくつも襲われたというのもあるのですが、たとえばアケビなどを採りに

行くと、小さいうちはとても食べられないようなものしかもらえない。熟した美味しいのは上級生が食べてしまう。けっきょく自分でいい物を手に入れようとしたら、自分だけが知っている場所を持つしかないと思って、当時の子どもはけっこうこっそり独りで探しに行くわけ、山の中を。そうすると、山の中で独りになると真っ昼間でも恐い。他にも、よく溺れそうになって死にかけたこともあったりしてるので、僕の中には自然に対する恐怖感が築かれてきている。シマヘビに襲われたこともあるしね。

小泉　シマヘビは襲わないでしょ。

加用　いやいや、ほんとうなのよ。友だちと二人で川で船に乗って遊んでいたらシマヘビの大群に襲われた。あわてて床板をはがして二人でガンガン叩いて撃退したけど、中に二、三匹船にはい上がってくるやつがいた。それらを必死になって手づかみで放り出した。

小泉　『獣の奏者』みたいじゃない。なんか、悪いことしたんじゃないの（笑い）。

加用　そういう自然の脅威、恐さ、そういうのはなんなのだろう、という気持ちは残っている。自然と

いうのは、関わろうとしたら、人間にとってたやすい相手じゃない。美しいだけではなくて、命にも関わりかねないような面を持っているということかな。これは、幼児に関わるような問題ではぜんぜんないけどね。

小泉　「自然は恐い」というのは、絶対あると思いますね。ただ、恐いけれども、感動とか驚きというのもある。たとえば、鳥で言えば、バードウォッチングの本などで「ここに行けばこれだけの鳥が見られます」とか書いてありますが、そこに行っても、最初のうちは絶対と言っていいくらい見ることはできない。何回か足げく通っているとどこかで見るチャンスがある。僕もアカショウビン（カワセミの仲間）を見たくて比叡山に何度も通ったのですが、まったく見られなかった。それがある時ついに見られた。その時の感動は今でもはっきり残っている。後にも先にもその一回限りなんですがね。大人だからそういう希少な出会いに感動するわけですが、子どもだったらもっと身近なところに感動がいっぱいある。たとえばマルムシ（ダンゴムシ）に赤ちゃんがついてるのを発見したときの感動。大人だったら

「あー、春だから赤ちゃん生んだな」ですましちゃうレベルかもしれない。でも、その発見は、子どもにしたら大きな感動です。しかも、それは偶然に違いない。コンクリートの地面にはいませんが、土のある石の下にはいる。そうした、小さな偶然が自然の中にはたくさん潜んでいる。そこでの子どもの発見、感動に対して、おとなたちが「あっそー」とか「わっ気持ち悪い」で終わらせないで、どれだけ一緒によろこべるか、ですよね。

加用　名古屋市の藤原さん（元男性保育者、現短大教員）に聞いた話だけど、彼が一歳児クラスの担任だったとき、子どもたちを連れて公園に散歩に行ったときのこと。その公園には真ん中あたりに大きな木があるんだけど、ある子がトコトコ歩いていって、木に向かって歩いていくんだけど、木に触れるほど近づいてから、ずいーっと顔を上げていったんだって（笑い）。空まで。彼いわく最近あった一番面白い話だって。

小泉　子どもは「おおき～い！」と驚いたんでしょうね。それを発見した保育者もすごい。

加用　別の保育者の話だけど、保育園で二歳の子が

オジギソウを触って楽しんでいた。夕方お迎えに来たおばあちゃんにも見せようとして、その子がオジギソウを触ったんだけど、ぜんぜんおじぎをしないわけ。よく見たらそれはオジギソウによく似た違う草だったんだけど、その子は何回も何回も触っていて、それがとても面白かったと言っていた。

暮らしの中に自然があるのがあたりまえ、という感覚

加用　僕ら田舎育ちだったからだと思うけど、植物の名前なんかろくに知らなくて、ようは食べられるかどうかだった（笑い）。キノコなんかもパッと見て、食えるか食えないかだった。文化水準が低かったのかもしれないけどね。よく、幼稚園や保育園で立派な花壇などつくっているのを見るけど、「どれも食えないものばかりじゃない、こんなもんばっかり植えてどうするの」って感じがして（笑い）。やたらきれいな花ばっかりあって、なんか僕は違和感覚えたりするんだよね。

『センス・オブ・ワンダー』レイチェル・カーソン著／上遠恵子訳　新潮社刊
幼い時代に自然の神秘に出会うことの大切さと、その傍らに一緒になって感動してくれる大人の存在の必要性を訴えるベストセラー

小泉　ガーデニングですね。きれいで、眺めるだけ。それも大事な情操教育だと言われたらそうなんだけど……。

加用　それで『センス・オブ・ワンダー』のことなんだけど、実は僕はこの本の存在はもちろん知っていたんだけど、この対談の話が出るまでは読んでいなかった。なぜかというと「センス・オブ・ワンダー」という言葉だけを聞くと「自然に対する好奇心」みたいなことだと思えてしまう。つまり、鑑賞の対象としての自然みたいな感じがしていた。ところが実際今回読んでみるとぜんぜん違っていて、とっても感動した。レイチェルカーソンの甥っ子ロジャーが森の中で苔のたくさん生えているところで寝っ転がってゴロゴロしていた話とか、雨を寝ころんで下から見上げると、立っているときに見る雨と違うのを発見した、なんてことが書いてある。つまり、自然は、鑑賞の対象だけではなくて、僕たちがその中で生きて暮らしている場ですよね。自分の体で体感できるという面が必ずある。その両面があるというのが人間の普通のあり方なのだ、ということが書かれているので、あっ、この人は違うと思って、とて

も感動した。

保育園で言えば、長時間子どもたちはそこで暮らしているわけで、園庭でどれだけ自然と触れられるか、ですね。どこかに出かけていって触れるというのではなく、日常生活の中に位置ずくことの重要性はとても大きいのではないか。

変な話、いま僕、大学の敷地の隅っこに、スイカ植えたり木植えたりしてるでしょ。というのは、そういうものとのかかわりが日常の中に当たり前にあるという感覚が自分の中にはあって、それがないと、何かが欠落した感じがする。それはやっぱり小さいときに自然といっぱいふれあって育ってきた影響があると思う。花の名前も草の名前も知らないけど、そういうものが身近にある中で育ったが故に、それが身近にないと気が落ち着かないようになったのかな、と思う。

だから、子どもたちが大きくなって身近に木や虫など自然を求めるようになるのは、小さいときに自然と交わって育ってきた経験がなければならない。幼いときにそうした経験無しに育ってきて、大きくなって「生物」の授業などで勉強しましょう、観察しましょうとなって、知識は身に付くかもしれないが、自分がそうした環境の中に行きたいと思うかどうかですよね。

そうすると、とくに園庭がどんな自然的環境に満ちているかが決定的であって、そこには、学校での「自然教育」とは違った独特の意味合いがあると思う。暮らしの中に自然があるのが当たり前という感覚を長い時間かけて培う。極端に言えば、大きくなって何も覚えていないけれど、なぜか、そうしたものを欲するような感覚をもった大人になる。

今、保育園は長時間になっていて、乳幼児期の大半の時間を園で過ごしているわけですね。一ヶ月や二ヶ月に一回山に行きました、川に行きました、といったところで、保育園は毎日毎日暮らしている場所だから、決定的な影響を与えると思う。

小泉　そこでは、遊びが大事になる。学校教育みたいに観察して、知識を身につけてというのではなくて、草花や樹木、虫たちを実際に手で触って、匂いをかいで……五感をフルにはたらかせて遊ぶことが一番大事だと思う。

加用　大人になってからスキーを習ったのですが、レベルによって初心者からいくつかのクラス分けされて教わる。僕の入ったのはもちろん初級チョボチョボのクラスで、リフトで登ってみんなで滑り降りてくるわけですが、一緒のクラスにいたおじさんが、滑りは僕と同程度だったのですが、途中ちょっと止まって休憩したときにおもむろに背中のリュックからスケッチブックをとりだして、写生をはじめた。それですごいショックを受けた。スキーの技量は僕と同じじゃんと思っていたのに、この楽しみ方は僕とぜんぜんレベルが違う（笑い）。

人生の謳歌の仕方の違いというか。なぜあのおじさんはそうなって、僕は滑ることしか考えられないことになったのか。

たとえ話的に言うと、そんな感じになるわけで、子どものときに過ごしてきたことがなんかそんな感

じで生きてきたりすることもあるのではないか。

小泉　そうなると子どものときにいろんな経験をさせておくことが大事ですね。無駄な経験をすることが大事だと思う。いまは無駄なことを省こうとばっかりしているから。草花や生きものと遊ぶとか後々なんの利にもならない経験をたくさんしておくことが豊かな大人になるというか……。

僕らの子ども時代は身近な自然が遊びの対象だったわけですが、今はどう考えたって子どもにとって自然は遊びの対象ではない。農村部の保育園で子どもが稲と麦の違いがわからないなんて言われはじめてから、もう三〇年くらい経っている。子どもの生活や遊びが身近な自然と切り離されたというのは、もしかすると人類はじまって以来のことかもしれない。

加用　すごい問題に直面しているんだと思いますね。

小泉　子どもの遊びで言えば、ままごとなんかは今もやりますよね。

加用　あーいうのは、頭の中の遊びだからね。やっぱり、以前とは違う問題に直面しているんだろうな。

自然的な環境が十分にある時代だったら、そういう遊びを特別に重視していたらすんでいたのだろうが、それが根底的に失われてきたら、そっちのことも考えて「子どもと遊び」の問題を考えなければならないような時代になってしまったと思う。

それで、心ある親たちはある程度そうしたことがわかるから、ときどき子どもをどこか自然のある場所へ連れて行ったりする。それはそれで重要なんだけど、やはり、毎日毎日の生活の中に基礎を置いてなかったら、どこか限界はあるんだろうと思う。子どもの日常生活そのものの中にどうやって自然環境を取り戻すか、と考えないと子どもたちはたいへんなんだろうな、という感じがなんとなくする。

園庭の自然環境を最低基準の中に入れる必要があるんじゃないの。子ども一人あたりにつき何平米の自然環境を設けること、なんてね（笑い）。

小泉　日本の場合、緑被率というのが法律で決められていて、建物を建てたら敷地内の何パーセントに

植栽をしなければならない、というのがある。何を植えなさい、というのはないので、サツキとかツツジとか実も付かない、虫も来ないようなもので設計士さんはまとめてしまう。

加用　保育園ではどうなっているの？

小泉　適用されますよ。でも、園庭を広くとりたいために、だいたい隅っことか、園舎の裏の狭い場所とかに植栽して基準をクリアーしようとする。

加用　保育園の緑被率をもっと大々的に広げるべきだよね。

小泉　逆に今は、園庭無しでもいいことになってきていますからね。

からだにしみこんでいく感覚

小泉　『センス・オブ・ワンダー』のなかでは、子どもが素晴らしい光景に出会ったり、自然と触れ合うなかで、たくさんの感動を体験する、そうした記憶は大切な影響をその子の人間性に与えているはずだ、というようなことが書かれているんです

が、そのあたりについて、加用さんに聞きたいのですが。

加用　そんな難しいことに答えられるわけないでしょ（笑い）。

ある研究者がくれたメールにこんな事が書いてあった。「昨晩、散歩していたら、ホタルが飛んでいました。子どものころに見たホタルが、数は少ないけれど、今も同じ場所にいることを昨年発見しました。そのときのうれしさったら、宝物以上の驚きと喜びでした。たわいもないことだけれど、こういうことにこそ生きる意味があると、最近はしみじみ思うようになりました」とね。

それとは違う話だけど、「原風景」という言葉があるけど、その場合、イメージしている子どもは幼児よりも大きい子だと思う。人は小さいときの記憶というのはほとんどない。残っていたとしても非常に限られたものだと思う。もしそんな記憶の断片で、自分の受けた保育があーだった、こーだった、と言われたら保育者は泣くよ。だって、毎日毎日、しかも六年間保育していたわけよ。それがわずかなシーンだけ取り出されて「原風景」なんて言われたら、

あとはなんだったの？　ということになる。いろーんなことがたくさんあったなかで、ある事がフッと記憶に残っているのであって、すごく大事なことはおそらく残っていないのではないか。体の中にしみこんでしまっているような気がする。だから、ほんとうに大事なことは記憶に残っていない、ぐらいの感じで考えることが、保育という仕事を考えるときに必要ではないかと思っている。そんな気がするもんだから、「原風景」とか「楽しかった想い出」なんていうことを、あまり強調したくない。小学生くらいになればたしかに、「あれが楽しかったぜー」というのはあるかもしれないが、乳幼児期の記憶は違う。

小泉　何が残っていくんですかね？

加用　体の中にしみこんでいくから、何かあることを聞いたらおかしい気持ちになったり、なぜかあることが恐かったり、なぜかあるものが食べたくなったり、そういう「感覚」として残っていくのであって、頭の中に「イメージされる風景」として残るものは、その中のごくごく一部にすぎない。どうでもいいことしか覚えていない人はいっぱいいるよ（笑

い)。吉田直美さんが書いた本『みんなおとなにだまされた』(ひとなる書房)のなかで、四年生になった子どもが保育園時代を思い出すシーンが出てくるんだけど、ええ? っと思うようなことしか覚えていないんだよね。ある子は、「○○が牛乳をパックで飲んでたことがある、うらやましかった」と言う。何のことかというと、おやつの時の牛乳をみんなコップで飲んでいたのに、ある時たまたま入れてもらう順番が最後になった○○君がコップじゃなくてそのままパックで残りを飲ましてもらっていた、というんだよ。福本さん(京都の男性保育者の草分けの一人)は、園庭にあった土管の中でじーっとしていたことしか覚えていない、と言ってた(笑い)。僕も保育園時代の記憶と言えば、生活発表会みたいなもので「お猿のカゴ屋」の役だったんだけど歩くときの足の挙げ方が悪いと園長先生に叱られながら練習するのがイヤだったけど、劇の当日脇で見ていた園長先生が泣いていたのを覚えている、だけ。あともう一つ、ガキ大将みたいな子が突然泣き出してびっくりしたら、その子の足から血が出ていて、それ見てびっくりしたらしいこと、くらいだよね。他

の記憶はないんだ。実を言うとこれは中学生の頃に振り返った記憶だから、歳を取るにつれて消えた、というわけでもないみたい。

小泉　僕も砂場で靴隠しをして見つからなくなって裸足で帰ったのを覚えている(笑い)。

加用　だから乳幼児期の体験というのは自分でもわからない形で体の中にしみこんでいく。なぜか笑いやすいとか。山を登ったらなぜか脇道を行きたがるとかね(笑い)。これ以上はっきり言えないのが悲しいけどね(笑い)。

小泉　人は誰でも乳幼児期があって、そこを経て大人になっているわけだから、その時の体験はその人をつくる上で何かの役に立っているのは間違いない。

自然を相手に五感を耕すことの大事さ

加用　ちょっと話ずれるかもしれないけど、僕、小学校の一年生のときに、地域で高学年や中学生までみんなでやっているかくれんぼに入れてもらったことがある。それは、ちょっと恐ろしいもので、村中、

四方何キロにも渡ってかくれんぼする。
　船の中に隠れるやつもいれば、山の中に隠れるやつもいる。それをオニが探しまくるというやつ。農作業しているおばちゃんたちに「○○を見んかったかー!」と聞くと「見んぞー」とか「あっちんほう行ったんとちがうかー」と言われて、ダーッと追いかけたり。それで、オニ決めのジャンケンするときがめちゃくちゃ恐かった。六年生くらいになれば、見つけられなければ、適当に帰ってしまえばいいやと考えるのでしょうが、小学生一年生の僕は、見つけるまでは最後までオニをやらなければならないとくそまじめに思うじゃない。だから、ジャンケンするとき手が震えたね。あの恐怖感はずっと残っていた。

小泉　なんちゅう遊びや!(笑い)

加用　僕の子ども時代は恐怖に満ちていた(笑い)。子ども時代に、そんなふうに恐怖感だとか、笑いだとか感動だとかいろんな感情が耕されること、からだの中にしみこませていくというのはとても重要だと考えているわけ。だいたい、保育の場面では、そうしたことを対人関係的にすることが多い。オニごっこで勝っただの負けただの、それはそれで大事だけれど、対人関係的なものの中だけでさまざまな感情が耕されている気がする。人間それだけではストレスがたまりやすい。それが、自然環境とのかかわりの中で「ワーッ」とか「ウー」とか感情が揺れ動くほうは、何か耕され方が素朴な感じがする。

　感情というのは、耕される中でストレスがたまるという側面が絶対にあるわけで、今の子どもはストレスのたまるようなばっかりの育ち方をしている気がしているわけ。うれしかったり、悲しかったり、驚いたりが、いつもその相手が人間。誰かが言ったことが面白かったとか、誰かにやられた、とか、そういうことだけでは人間はやはり正常な精神を保てない可能性があると思う。昔は対自然と対人間の両方があったのが、今は対人間に偏りすぎているのではないか。それが、子どもたちの息苦しさにつながっている面があるような気がし

て、引きこもりたくなる人の気持ちがわからないでもない気がしてくるでしょ。人に気兼ねなく喜怒哀楽を経験する、という意味で子どもにとって身近に自然があることの重要性があるようにも思う。

生きものとの触れあいと保育者のかかわり

小泉　もうひとつ、子どもが自然に魅力を感じるというのは、生きものの存在というのがある。小動物を直に触る魅力というのは絶対あって、今の時期ならマルムシにしてもセミにしてもそうですが、生きものとの出会い、触れあいが子どもの心を揺さぶる。植物も命ですね。

加用　保育だと「飼育・栽培」というのがあるよね。

小泉　僕の言うのは、ちょっと違うかな。栽培にしても実がなるには花が咲いてその花粉をチョウチョウやハチが受粉してくれる。土にしてもその中にいる虫が土を耕してくれている。畑の草取りをしていて地面をほじくり返すといろんな虫が出てくる。子どもはそんな虫に心うばわれて、「あっ、カブトムシの幼虫だ!」とか騒ぐ。カブトムシなんかじゃないんですがね。でも、保育者は「今はそんな時間じゃない、早く草取り終わらせて……」なんて考える(笑い)。僕は、チョウチョウや土壌生物の発見や命との触れあいまでぜんぶひっくるめて「栽培」という保育があると思うのです。

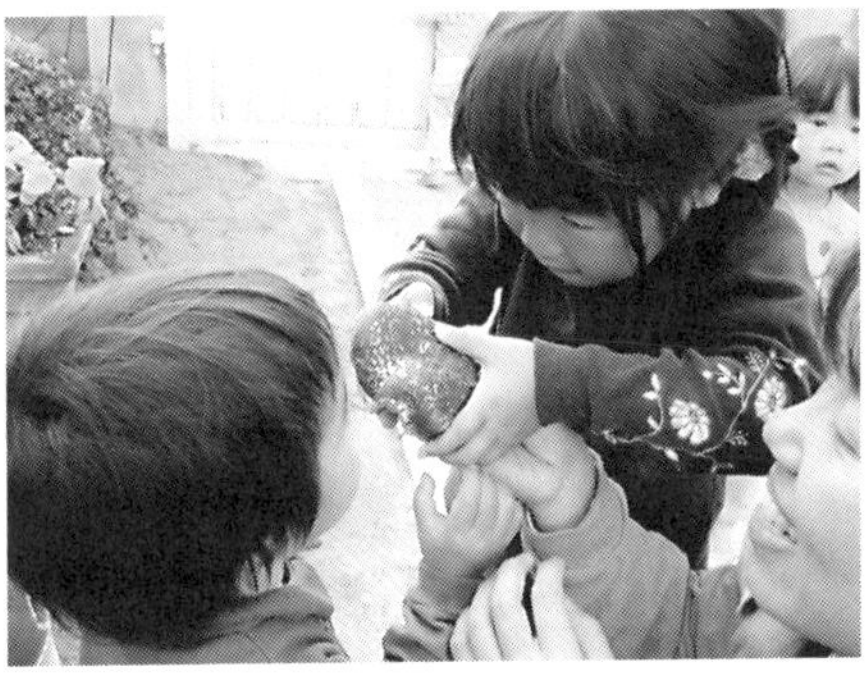

僕の恩師である伊佐先生が、「落ち葉は、樹木の根元に置いてあげてください」と指導されていました。僕が保育していたころは、落ち葉で焚火をして焼き芋をしたりしていました。落ち葉は、落葉樹が来る冬に備えて身を軽くして、その栄養分を土に返し、土の微生物が栄養源をつくり出してくれます、ですから落ち葉は樹木の根元にそっと置いてあげるのが樹木にも生きものにも一番いいのだと先生は言われたのです。

ある保育園に朝行ってみたとき、管理用務員さんが園庭を隅から隅までほうきで掃き、葉っぱ一枚残さない園庭管理をされていました。掃除をして落ち葉をゴミのビニール袋に詰め込んで、ゴミとして出している。これは、焚火をするよりよくない。できれば、堆肥にすれば、畑に撒けます。それより、そのままにしておくのが一番楽しめるかもしれません。子どもはいろんなものを探せる目をしています。あるとき子どもとお母さんが乳母車を押していて、道路の段差で、何かものを落としました。しばらく行ってから気がつき、お母さんと子どもが戻り、落としたものを拾い、しばらく進むと今度は子どもだけ戻り、また、何かを拾った。僕は、まだ、何か落としたのかと子どもの手を見てみると、その子はもみじの葉を一枚持っていた。大人の目には落ちたものしか見えていませんが、子どもには落ちたものと、もみじの葉が見えていて、ほしくなったのでしょう。子どもの目線は低いので、生きものを見つけやすい。保育園にあるものはすべて子どものもので、すべて遊びの要素だと思う。落ち葉もまぎれもなく子どものものですよね。

芋掘り遠足なんかでも、農家の人がツルを切り分けたりして、子どもが取るばっかりにセットしてあったり。せっかくの体験がとっても貧しいものになってしまう。

加用　子どもたちに同じ体験をさせなくちゃいけないって思いこみやすいのかも。芋を抜けなかった子どもがいるとか、独りで十も二十も引く抜く子がいたりとか、そういうことを気にしてみんなが同じ数だけ取れるように下ごしらえする。みんな一列に並んで二つずつ取ったら平等でしょ、みたいな。何が起こるかわからないから面白いんだけど、そうした発想がどこかにいってしまっている感じがする。

小泉　保育が面白いのはそこなんやけどね。

加用　「みんなで取れました」というのをやたら強調する。

小泉　「みんな満足しました」というけど、子どもにとってはどうか。大人が満足しているんじゃないか。

加用　小泉さんにひとつ聞いてみたいことがあるのだけど。保育園の遠足で山へ行ったときなど、以前の子どもだとジグザグのつづら折れになっている道を無視して、近道して斜面をまっすぐ登って行く子どもが必ずいた。みんなや先生より早く行って「ワーイ！」なんて喜んだりした子がいたけど、最近子どもがそうしたことをしなくなってきている。それと、草の上に直接座らなくなってきている、必ずシートを敷く。直接肌に触れることがいとわしくなっているのではないか。こういう傾向ってどうなんだろう？　僕なんかの子ども時代とずいぶん違ってきている。自然環境に直接触れる、悪く言うと荒らし回って遊ぶ、という姿がなくなってきている。多分、保育者自身もそうなんだと思う。そういう変化は子どもの育ちにどういう影響を与えるのだろうか？

小泉　ある時動物園で見かけた様子なんですが、保育園か幼稚園の子どもたちが見学に来ていた。ところが、子どもたちがみんな手をつないで、リュックしょって、帽子かぶって、ぞろぞろぞろぞろ行儀良く並んで順番に動物たちを見て回っている。「これでなにがおもしろいんや」と。自由に自分の見たい物を見られないというのはどうなんだろう。もしサルが毛づくろいでもしていて、それをじいっと見ている子がいたら、見させてあげておいてもいいんじゃないか。

　別の話ですが、動物園で見学していた年長児の子が「先生、保育園帰ってまた絵を描くの？」て聞いたそうです（笑い）。目的はどこなんや、という話ですね。絵を描くのが目的で来ているのか、それとも動物を見て「ゴリラの顔はでかいなー」とか「カンガルーのお腹にふくろがある！」なんて、いろんな発見を楽しみに来ているのか。先生の意図をしっかり読んでいる子どももってすごいな、と思った（笑い）。

　だから、先生がカリキュラムを決めているんでしょうね。動物園行ったらこうして、次はこうしてこうして……と計画してある。

　『センス・オブ・ワンダー』の中では、自然との出会いの中で子どもの側には一緒に驚いたり感動したりしてくれる大人が一人は必要だ、と書かれていますが、それはまさに保育者の役割を述べていると思う。一日を振り返って「今日、何をやったか、何ができた」ではなくて、「子どもとこんな楽しい思いをした、面白いことがあった」という。以前はそんな保育者がけっこういたように思う。

　子どもと一緒に遊びながら、子どものイメージを上手にひろげる手立てを持っていた人が多かったような気がしますが。今は、自分の考えるほうに子どもを引っ張っていく保育者が多くなっているのかな？

加用　子どもの発見を側で一緒になってよろこんでくれる大人がいることの大切さと同時に、一方で子どもたちだけの世界を保障してあげることも大事だと思う。ところが、子どもの世界の中に自然的環境がない場合は、おとなが相手をしてあげるしかないわけよ。虫とか草とかの自然というのは、勝手に子どもを相手にしてくれる対象なんだと思う。

園庭が変われば子どもが変わり、保育が変わる

加用　さて、どうするか？　という話になるわけだけど、保育指針や幼稚園教育要領で「環境による保育」が言われているけど、そこには、予算をかけて自然環境をよくするなんて発想はぜんぜんない。今は、子どもが接触する素材（自然環境）そのものが尋常ではない事態に置かれているわけで、それをほんとうに考えなければならない時代に直面したんだと位置づけなければならない。だから、以前は考える必要がなかったことを考える事態に今あるんだとしたら、やはり予算をかけて園庭の自然環境そのものを良くする必要がある。

　そっちの面が良くなれば、僕は保育者もいやおうなく子どもたちといいかかわりをするようになると思う。昔の子どもが、自然環境があれば誰に教えられることなく遊びほうけたように、できると思う。環境のない状態の中で、若い保育者に頭だけで理解しろ、と言ってもそれはまず無理だと思う。

　小泉さんが実際に園庭改造をしたところではどんなふうに子どもたちや保育者が変わってきているのだろうか？

小泉　紫野保育園の場合（巻頭カラーページ参照）をちょっと紹介してみます。

　二〇〇三年から〇六年まで三期にわけて大規模に改造した所です。僕の印象ですが、それまでの保育は設定保育や一斉保育が多くて、それも身体をうんと動かすことより、描画や造形的なものが多く、音楽も季節ごとに決まった歌を歌っていて毎

年同じ取り組みをくり返しているという感じだった。子どもの遊びも乏しく、砂場にはアニメキャラの遊具があったり、戸外は危険ということであまり散歩にも出ず、体力も育っていない印象を持ってました。園庭に樹木は多少ありましたが、触れてはいけないもので、公園同様の鉄の遊具がたくさんあり、自然環境についての保育者の関心はあまりなかったみたいです。

そんな状況のなかで園長の一念発起で園庭改造がはじまったわけです。園庭から鉄製遊具を取り除き、築山をつくり果樹を植え、ビオトープ池をつくり、屋上緑化やバタフライガーデンなどなど、園庭は樹木・草花と生きものたちでいっぱいになり、四季の変化を体感できるようになった。保育者たちは「自然を感じさせる草、木、花などがあらゆるところに増えて、従来の保育園のイメージとは違って心和める雰囲気がとてもすばらしい」と感じるようになっていきます。子どもたちの姿については、こう言っています。

「毎日の遊びの中で、摘んでいい花かどうかを見分けて、大切に扱うもの、遊びに使うものを自然に身につけてきている」

「虫やチョウチョがどんな木や草花にきているか園内を探索して見つけている。また、そうやって見つけた生きものを飼うことが増えた」

「園庭が変化に富んだ遊び空間になり、自分で遊びを見つけ、安全に気をつける知恵を身につけてきている」

「ブラックベリー、グミ、ビワ、ミカン、トマトなどなど実のなることの発見、自分でもいで食べられることの喜びは、子どもにも大人にも感動をもたらしている」。

ビオトープ池では、乳児も含めて生きもの探しを楽しんでいますが、生きものと子どもたちのかかわる様子をデジカメで記録して保護者向けに「ビオトープ新聞」を発行して伝える取り組みもされています。

園庭での子どもたちの変化に気づく中で、もっと大きな自然に近づけてあげようと、園外に目がむくようになっていきます。そもそもが近くに川も山もある環境でしたから、河原の散歩に水遊び、山登り、雪遊びと四季を通じて出かけていき、その中で子どもの変化を喜べるようになっていきました。

子どもの変化に気づくことで保育全般を見直していく、保育者同士のつながりが深まり園全体で保育をつくっていこうとする姿となり、次々と楽しい空間を生み出す発想が生まれてきています。田んぼづくり、畑づくり、花壇、苗木植栽、シイタケのホダギづくりなど、保育者も楽しみながら園庭の改造が続いていったわけです。

加用　子どもたちの中で眠っていた「センス・オブ・ワンダー」が目覚めたんだろうね。子どもたちの生活が発見と驚き、楽しさに満ちたものに変わってきて、保育者も保育が楽しくなってくる。子どもたちにもっと楽しい思いをさせてあげたい、感動を味あわせてあげたいと思うのは保育者の本領で、それが発揮されてきたんだろうね。

小泉　この園では園庭で育ったアゲハの幼虫を部屋で観察するのが毎年恒例になっています。ある年、2歳児のクラスで、保育園のみかんの木についていた幼虫を数匹集めてきて、クラスで飼育することになりました。さなぎが脱皮して少しずつ大きくなり、やがて一匹ずつアゲハになって飛んでいく姿を子ど

もたちは毎日観察していたのですが、あと二匹というところで、一匹の幼虫が飼育ケースからいなくなってしまいました。どこに行ったのかと子どもたちと探していたところ、ロッカーの奥のところでさなぎになっていた。二歳児のクラスですが、延長保育の時間帯は、大きい子どもたちも使うことがあるので、担任は、ロッカーの奥にさなぎがいること、二歳児のクラスで育てていたこと、さわらないように静かに見守ってあげてほしいことを保育園全体に伝えました。しばらくして、お昼寝の時間に、チョウがさなぎから脱皮してひらひら飛ぶ姿が見られ、子どもたちと外に逃がしてあげたそうです。実は、『犬と女の子』（福音館）という絵本の中で、この出来事と同じことが描かれています。絵本の世界だけの話と思っていた保育者はすごく感動し、その絵本はクラスの宝物になりました。

さなぎを知らない子どもが以前一度さなぎを引きちぎったことがありました。そのとき保育者は「虫は人と違うから、けがしたりすると死んでしまうんやで」「かわいそうなことをしたなー」と話しました。子どもが知らずにしたことなので、そのことに

ついて、叱ることはしなかったそうです。数日後、小さいクラスの子が虫をさわっているときに、「さわりすぎたら、しんでしまうで」と伝えている姿を見て、保育者は「あのときの出来事があって、子どもの心が大きく動いたのだと思いました」と言っていました。

先に言いましたが、改造には数年をかけ、子どもたちや保護者の変化にひとつひとつ確信を積み重ねるようにしてすすめられてきました。そうすることで、全員の保育者が少しずつ変わっていけたのかもしれません。やっぱり今までの保育を大きく変えることは勇気がいる。今までの積み重ねがなくなるわけですから、そのことに園全体で挑戦するにはやはり、園長の考えや構えによるところが大きいと思いますね。

この保育園の園長は、退職するまでの五年という短い時間でこのことをやり遂げています。園庭を変えることで保育が変わり子どもが変わる、そして、保育者自身も大きく変わることを園長は確信を持って取り組んだ。池をつくったときに保護者から「子どもがおぼれたらどう責任をとるんだ」と迫られたと聞きました。しかし、池に生きものがやってきて子どもが変わるとその保護者から、やってよかったと喜ばれたそうです。また、遊び小屋にハシゴをかけて上れるように改造したのも園長です。私もはじめ危ないからと言いました。しかし園長は大丈夫と言ってハシゴをかけた。初めのうちに子どもがやはり落ちたそうです。しかし、すごいのはそのことでハシゴをはずさなかったことです。このときハシゴをはずしていたら、子どもの好奇心はつぶされます。危険を察知し対処する感性やからだをつくれなくなる。それから六年経ちましたが、約束事はありますが、子どもが落ちることはないそうです。

加用　そう。自然環境というのは多分そういうものだと思う。

小泉　ただ、今のおとなたちは周りの自然のことをあまりにも知らなすぎる。ある大学で学生に「身近な自然をもっと知りましょう」という講義をしたときに、学生たちが、身の回りにこんなに自然があることを今まで知らなかった、と感想を述べていた。最初に言ったカラスノエンドウのアブラムシとテントウムシの話にしても、葉っぱ一枚というものすごく小さな空間ですが、アフリカのサバンナで起こっている動物たちの「食う・食われる」と同じことがそこで起きているわけですね。それを、気づくかどうか、という話なんですね。気づいて子どもにどう伝えるか？　アフリカまでいかなくてもここにある。子どもにとっては同じなんです。おとなは「なんやー」となるけど、子どもの受ける感動は同じなんだと思う。

加用　京都などはまだ自然が園庭や周辺にある方だと思うけど、東京や大阪などの都市部はたいへんだろうな。保育施設にはそういうものがいるんだ、ということを決まりにする必要がある。乳幼児期は自然の空気を吸って生きなければならない時期なんだと思う。

〈対談を終えて　加用文男〉

今、保育は大変な事態になっていて、待機児が何万人もいると言われているように入所希望者が増えています。そういう子どもたちの中には園に措置することによってしか命を守ることができないというようなケースも少なくありません。そういう意味で待機児の解消は絶対の必要事なのですが、制度のほうはどんどん悪いほうに変えられていっていて、最低基準そのものがないがしろにされようとしています。行政の動向を一言で言ってしまえば、民間資本に頼って安上がりな園をどんどんつくっていって、どんなところでもいいから保護者に選ばせよう、という考え方になってきています。

こういう事態の中で、現行の最低基準を守ることは当然であり、さらにもっと豊かなものにしていってほしい、という願いを持つことは贅沢なのでしょうか？　少子化で少なくなった子どもたちだからこそ、必要なお金をかけて大切に育てよう、という考え方にはたてないものでしょうか？　正規職員をきちんと配置し、給食室を守り、育ちの環境を正常なものにする、こういう基本の上に立って待機児の解消をはかってほしい。

正常な育ちの環境とは何か？　と問われると様々な課題が浮かんでくるかもしれませんが、園庭や園のまわりの環境を自然性豊かなものにするという課題は以前にも増して重要になってきています。

一つは、子どもたちの生活時間の大半が園でのものになってきているという現実です。ここでの経験が子どもたちの乳幼児体験そのものになるといっても過言ではありません。のちのちの自然観そのものの基本がここにゆだねられている、という現実になっているのです。未来を担う子どもたちのセンス・オブ・ワンダーの源が園庭にゆだねられているのです。

第二は、対談の中でどれだけ触れられたかは自信がありませんが、子どもの育ちには大人と子どもの関係、大人同士の関係、子どもたち同士の関係など人間関係が重要な役割を果たすというのは自明のことですが、現代は人間関係に依拠しすぎの傾向があるようにも思えます。極端に言えば、自然との関わり抜きに人間関係ですべてを処理する（あるいはそうせざるをえない）ような生活になっていないか、という問題です。保育もそういう面が強くなってきていないでしょうか？　人間関係中心の仕事をしていた人が自然相手の仕事（農業その他）に変わったとき、以前のようなストレスを感じなくなったという述懐をする場合が多いですが、このことの意味を深く考える必要が出てきているように思えます。おそらくは子どもたちにも事情は同じではないでしょうか。園庭を自然性豊かなものにという主張は人間として正常な精神衛生が保てるような環境に、という主張でもあるように思えます。

第三に、本書の中で小泉さんが、園庭を変えたことで保育そのものが変わっていったという事例を紹介されています。こういう実践例や実践報告そのものがあまりにも少ないので今後の展開が非常に楽しみですが、「園庭を変える」という場合の考え方として、保育と自然との関わりという点から見て、小泉さんの提起の興味深い点は、彼がいわゆる「飼育」と「栽培」を切り離さない考え方に立っている（対談の中で触れられています）という点から学ぶ必要があるように思えます。飼育は飼育、栽培は栽培、という別個にして考える考え方が、従来の保育における自然観を狭いものにしていた可能性があるように思えるのです。何かを学ぶための飼育や栽培というより、自然まるごとの中で育っていってほしいという願いを保育者集団が抱くようになる、その時に保育が変わる、という可能性として。

おわりに

私は保育園の園庭づくりをするにあたって、必ず、職員の方保護者の方に私の園庭観をお話し、みなさん方と話しあいをしたうえで工事にかかるように心がけてきました。私の目的は、生きものと子ども、そこから身近な自然を感じることができる「命と遊びの園庭づくり」です。身近な生きものそれは植物も含めて命の営みを伝えることにつながります。命は誰もが与えられた大切なものです。残念ながら今の時代、命が軽くなってきています。一概には言えませんが、子どもの時代に命にかかわることが少なくなってきているからではないかと思います。私がつくる園庭はいろいろな命との出会いの場でもあります。私たちが小さいとき体験した、生きものに触れ、そこから命の大切さを感じ取ったように、今の子どもたちにも感じてもらいたいと願っています。

私の人生は付録の人生です。実は二七歳の時に、悪性リンパ腫という病気にかかってしまいました。二四年も前の時代に癌を自分で話す人はいませんでした。この癌は再発を繰り返します。私も二回再発しました。市川団十郎さんが癌を克服した時「おまけの人生を与えられた」と話されました。私はおまけにしては長いので、少し楽しみがある「付録の人生」だと思っています。付録の人生でこのような本が出せたことは、本当に夢のようでうれしいことです。この本は私が保育をしていて、そして造園業もしているからこそ書けたものだと考えると、これからもできるかぎり子どもたちに生きものの本当のすばらしさ、命の大切さを知ってもらえるような園庭づくりを行なっていこうと考えています。

お読みいただき、ご意見をお聞かせいただけたら、たいへんありがたいです。

今回、出版にあたってお力をいただいた、㈱グリーントラストの廣瀬さん、たくさんの写真を提供してくださった、紫野保育園・きたの保育園・南清水保育園・浦堂保育園・瀬川保育園・くわの実保育園・阿武山たつの子保育園の各園長先生にお礼申し上げます。学生たちに話しているうちに、「本にできたらいいね」とすすめてくださった京都橘大学の加用美代子先生、ありがとうございました。私が園庭づくりを初めて行なったときに、ご尽力いただいた紫野保育園元園長の岡村敬子先生、本当にありがとうございました。

最後に、とてもすてきなイラストを描いていただいた柏木牧子さん、出版にご尽力いただいたひとなる書房の名古屋さんに御礼いたします。

この本は、私に命をつないでくれた今は亡き母に捧げます。

二〇一一年三月

小泉昭男

小泉　昭男（こいずみ　あきお）
1959年大阪府生まれ
13年間の保育者経験を経て造園業を起業、小泉造園代表。
子どもたちが植物や生きものの不思議と出会い、自然と交わって遊べる園庭改造を手がけている。改造にあたって保育者や保護者と必ず行うていねいな勉強会やワークショップは大好評。
ＮＰＯ法人ビオトープネットワーク京都 監事　元日本ビオトープ管理士会 理事　環境再生医 関西世話人
保育士資格　幼稚園教諭二級普通免許　一級ビオトープ施工管理士　環境再生医 自然再生士
著　書
『写真で見る　自然環境再生』（共著）認定ＮＰＯ法人自然環境復元協会編　オーム社
『障害児の美術教育』（共著）美術教育を進める会編　あゆみ出版
『子どもの遊びをデザインする』（共著）全国私立保育園連盟経営強化委員会編　室田一樹著　筒井書房

小泉造園　京都府知事　許可（般）第３４０６８号
E-mail:zouen-koizumi@wb3.so-net.ne.jp

イラスト／柏木牧子
本文デザイン・ＤＴＰ／川内松男
カバーＡＤ／やまだみちひろ

自然と遊ぼう　園庭大改造

2011年5月31日　初版発行
2024年3月10日　5刷発行

著　者　**小泉　昭男**
発行者　名古屋研一

発行所　㈱ひとなる書房
東京都文京区本郷２－１７－１３
広和レジデンス１Ｆ
TEL03(3811)1372
FAX03(3811)1383
E-mail:hitonaru@alles.or.jp

印刷・製本／中央精版印刷株式会社